Remerciements

Je voudrais remercier tous les directeurs généraux auprès de qui j'ai travaillé lors des dernières 25 années, qui ont tous contribué à élever le niveau d'excellence de l'organisation en introduisant des concepts novateurs de gestion des affaires et de l'organisation.

Ce livre, "Une entreprise hautement performante", s'inspire en grande partie de leurs enseignements, et pour le reste, de mes expériences propres pour augmenter l'implication des employés et améliorer leur quotidien au sein de mes groupes de travail.

Une mention spéciale pour Peter Corijn (https://www.vucastar.com), qui fut le premier de ces directeurs généraux que j'ai observés de près, et qui m'a initié aux concepts d'excellence managerielle.

Un grand merci à Réda Tkito, Angarish Otta, Hassan Belghazi, Liga Stankevica, Selma Moakil Chbany, Nicolas Kerling, Loubna, Saâd & Kenza Erraji pour avoir aidé à améliorer ce livre, en acceptant d'en lire les premières versions.

Introduction

Dans l'introduction de "De la performance à l'excellence : Devenir une entreprise leader", Jim Collins partage une anecdote où on lui dit que son best-seller "Comment les grandes entreprises perdurent" était inutile car il ne pouvait profiter qu'aux futures entreprises, et non pas aux millions d'entreprises qui existaient déjà.

Il m'est arrivé à peu près la même expérience l'année dernière, le jour où je présentais "Le Manager EPIC" à un groupe de professionnels. Alors que le livre était bien reçu dans l'ensemble, un participant mentionna que le concept ne marcherait pas dans la vraie vie, notamment dans les sociétés à culture d'entreprise toxique, où la direction générale et la direction des ressources humaines considéraient les employés comme des coûts à réduire plutôt que comme des ressources à fort potentiel, dont il fallait prendre soin et qu'il fallait développer.

Je me suis rendu compte qu'il avait parfaitement raison, et qu'une atmosphère de travail saine et une culture mettant l'employé au centre étaient des conditions nécessaires pour que les chefs d'équipe soient motivés pour investir dans la durée dans le développement de leurs collaborateurs.

Il m'en est venu l'idée d'une trilogie « Tranformation Radicale », dont ce livre serait le premier volume :

- "Une Entreprise Hautement Performante" initie la transformation, avec un nouveau PDG qui métamorphose une société mal gérée, en une entreprise leader où les employés se sentent parfaitement bien et donnent le meilleur d'eux-mêmes.

- "Le Manager EPIC" vient ensuite, prend place dans cet environnement positif, et montre aux managers comment bâtir une relation exceptionnelle avec leurs équipes pour favoriser leur développement et leur réussite, en appliquant le modèle EPIC en 4-phases.

- "Je Peux Changer Le monde !" zoome sur un individu prometteur et le mène à travers une méthode en 3 itérations à se dépasser et réaliser son plein potentiel, dépassant de loin ses espérances initiales.

J'espère que vous apprécierez de lire ce livre et d'y découvrir certains des personnages que vous avez aimés dans les autres livres.

N'hésitez pas à m'envoyer vos retours ... et vos idées pour les prochains livres !

Casablanca, Mars 2023

Chapitre 1 – Fête de départ

Richard était un jeune diplômé en chimie avec un doctorat en poche. Plein d'espoir pour l'avenir, il décida de se lancer dans le monde de l'entreprise pour se bâtir une belle carrière. Il commença à chercher des emplois dans des sociétés de son domaine, qui investissaient massivement dans la recherche et le développement.

Lorsqu'il entendit parler de la Société des Produits Chimiques Innovants, une entreprise leader dans les produits chimiques largement utilisés, il sut immédiatement que c'était le bon choix pour lui. Plusieurs diplômés universitaires qui avaient rejoint l'SPCI au cours des dernières années lui en avaient parlé en termes élogieux, la qualifiant d'excellent environnement de travail.

Ainsi, lorsqu'il trouva une annonce pour un poste d'assistant chef de projet dans le département R&D, Richard sauta sur l'occasion et postula pour le poste. Il commença à travailler au siège social de la SPCI, où se trouvait le laboratoire R&D de pointe de l'entreprise. Il apprécia son travail dès le premier jour, particulièrement pour le fait de pouvoir contribuer à des projets innovants à un fort potentiel.

Le manager de Richard le félicitait souvent pour son dévouement, son esprit d'équipe et la qualité de son travail.

Huit mois après avoir rejoint la SPCI, Richard fût invité à participer à une soirée en l'honneur de Marc, le responsable des ressources humaines en chef, qui prenait sa retraite après 35 ans de service.

C'était une excellente occasion de socialiser avec les collègues dans un environnement détendu, et Richard était particulièrement impatient de rencontrer Marc et sa remplaçante, car il avait entendu beaucoup de bien à leur sujet.

Pendant la soirée, Richard discuta avec plusieurs personnes qui partagèrent diverses anecdotes positives de leurs interactions avec Marc. Il était évident qu'il avait eu un impact positif important sur l'entreprise et sur la vie de plusieurs personnes.

La fête de départ à la retraite du responsable des ressources humaines était bien organisée et réunit collègues, amis et membres de sa famille. Marc prit la parole pour prononcer un discours émouvant. Il partagea des souvenirs de ses années de service à la SPCI et cita certaines personnes qui l'avaient marqué durablement.

« Quand j'ai rejoint l'entreprise, je pensais que ce ne serait que pour quelques années. Je ne pouvais imaginer à l'époque toutes les grandes expériences que je vivrais ici et la croissance personnelle et professionnelle dont je bénéficierais », dit-il sans arriver à contenir émotion. « Je suis très reconnaissant envers vous tous pour votre amitié et votre soutien tout au long de ce parcours. Si je peux encore vous être utile en quoi que ce soit, n'hésitez pas à me contacter. »

À la fin de son allocution, plusieurs personnes le félicitèrent pour cette étape importante et le remercièrent pour tout ce qu'il avait réalisé. Richard également s'approcha de lui pour se présenter et partager son témoignage sur son expérience en tant que nouvel employé.

« Je suis honoré de vous rencontrer en personne », dit-il en serrant la main de Marc. « Bien que je ne sois à la SPCI que depuis moins d'un an, je peux déjà dire que c'est un endroit formidable pour travailler. Tout le monde a été si accueillant et serviable, et je suis ravi de faire partie de cette équipe gagnante. Je sais que cela n'arrive jamais par hasard. Des collègues m'ont fait part de nombreux exemples d'interventions que vous et le département des ressources humaines avez menées pour améliorer notre environnement de travail. »

Marc sourit et remercia Richard pour ses gentilles paroles. « Je suis heureux que vous appréciez de travailler avec nous. J'espère que nous vous donnerons toutes les raisons de rester et de prospérer, de sorte qu'un jour vous soyez à ma place, prenant votre retraite après de nombreuses années de service. Mais vous savez, l'environnement n'a pas toujours été comme ça. J'ai travaillé sous six PDG différents pendant mon temps ici, et pendant la plupart de leurs mandats, l'atmosphère était plutôt tendue, voire toxique. Mais lorsque Alain, l'actuel PDG, a été nommé il y a dix ans, tout a changé. Il a implémenté de nouveaux standards d'excellence et de bienveillance et a apporté un sentiment de stabilité à l'entreprise. Cela a été un plaisir de travailler avec lui. »

Marc prit ensuite le temps de parler avec la plupart des personnes présentes, les remerciant pour leur soutien et leur amitié. C'était une fête de départ à la retraite mémorable pour un homme qui avait tant donné à l'entreprise et à ses employés.

Alors qu'on s'approchait de la fin de la soirée, Richard s'approcha de nouveau de Marc : « Désolé de vous déranger, mais je n'ai pas pu m'empêcher de penser à vos commentaires sur la transformation de l'entreprise. Pourriez-vous m'en dire plus ? Cela semble être une histoire palpitante. »

Marc sourit. "Ce fut certainement une période mouvementée ; mais pour être honnête, cela n'a probablement pas semblé ainsi vu de l'extérieur. C'était plus une sorte de travail en coulisse. Comme on dit, ce fut une sacrée aventure. »

« Eh bien, j'aimerais en savoir plus », insista Richard. « On dirait que cela pourrait faire un excellent film, avec toutes les tournures d'événements que vous laissez entrevoir. »

Marc réfléchit un instant, puis acquiesça. « Vous savez, vous avez raison. Ce fut une aventure incroyable. Tout a commencé quand Alain a été nommé PDG... »

Ensuite, il raconta à Richard l'histoire de la transformation de l'entreprise, les luttes et les défis qu'ils avaient dû affronter, les décisions difficiles qu'ils avaient dû prendre, les revers et les succès. C'était incroyable d'entendre parler de ces hauts et de ces bas, et de l'éthique et de la détermination qui avaient permis à l'entreprise de bien réussir finalement.

Richard écoutait attentivement, émerveillé et fasciné. Il était reconnaissant d'avoir eu l'opportunité d'entendre cette histoire de la bouche de quelqu'un qui y avait directement participé.

Lorsque Marc eut fini son récit, Richard eut presque envie d'applaudir. Il le remercia chaleureusement d'avoir pris le temps de partager ce parcours incroyable et cette histoire riche en actions.

« Je suis content que vous l'ayez appréciée. Elle est effectivement remplie d'apprentissages pour quiconque souhaiterait transformer la culture de son organisation. Et qui sait, peut-être qu'un jour quelqu'un écrira un livre à ce sujet ou le portera à l'écran. »

Chapitre 2 – À la rencontre d'Alain

Alain était le deuxième d'une fratrie de quatre enfants. Sa famille possédait une ferme qui, au départ, était petite et en difficulté ; mais grâce à leur travail acharné et à leur esprit créatif, ses parents la transformèrent en l'une des plus prospères de la région, gagnant une réputation d'agriculteurs accomplis et d'entrepreneurs avisés.

Alors que ses parents s'attendaient à ce qu'il travaille à la ferme après le lycée, Alain avait un projet tout différent. Il décida de poursuivre ses études et obtint un premier diplôme en chimie. Alain rêvait de devenir un scientifique connu et était prêt à fournir les efforts nécessaires pour y parvenir.

Initialement, ses parents n'étaient pas heureux de sa décision, mais ils finirent par comprendre ses motivations et le soutenir.

Alain était une personne brillante et curieuse, toujours à la recherche de nouvelles connaissances. Il mit beaucoup d'efforts dans ses études universitaires, et était déterminé à réussir et à avoir un impact significatif dans le domaine scientifique.

Contrairement à beaucoup de ses camarades, Alain n'était pas motivé par les notes ou les diplômes, mais par la richesse des connaissances à acquérir. Chaque nouveau sujet étudié lui permettait de mieux comprendre le monde.

Chaque été, Alain effectuait un stage d'été dans une société différente, pour acquérir une expérience pratique dans diverses industries. Il était convaincu que chaque nouvelle expérience lui permettrait d'élargir sa perspective et d'acquérir de nouvelles connaissances en affaires, et que plus il apprendrait, mieux il serait équipé pour réussir dans la vie.

Après l'obtention de son MBA, Alain débuta sa carrière en R&D, et travailla sans relâche, gravissant rapidement les échelons et changeant d'entreprise à trois reprises avant de changer de domaine en prenant un rôle dans la fonction commerciale puis le marketing et d'atteindre finalement le poste de Vice-Président d'une grande entreprise.

Le parcours d'Alain fut caractérisé par le travail acharné et la persévérance, car il ne laissa jamais les défis entraver sa progression ou freiner son apprentissage.

En tant que vice-président, Alain eut la charge de la gestion des opérations de l'entreprise, collaborant avec le PDG et l'équipe de direction pour établir des stratégies de croissance.

Alain démontra son expertise en matière de gestion des budgets et des ressources de l'entreprise, tirant parti de sa profonde compréhension de l'industrie dans laquelle ils opéraient. Il mit en place de nombreuses améliorations des processus de gestion, négocia efficacement avec les principaux fournisseurs et représenta l'entreprise lors d'événements publics et de réunions avec les analystes.

Il aida également nombre de ses collègues à se perfectionner et à se développer en les mentorant et en partageant ses vastes connaissances et son expérience. Il fit constamment de son mieux pour aider les autres à réussir.

Par ailleurs, Alain était connu pour sa capacité à nouer et à entretenir des relations solides avec les employés, les clients et les différentes parties prenantes, pour sa communication ouverte et transparente, et pour ses capacités d'écoute et de résolution de problèmes.

Alain se forgea une réputation bien méritée pour l'atteinte ou le dépassement des objectifs, l'éthique dans le travail et la réflexion stratégique.

Malgré sa carrière exigeante, Alain ne négligea jamais sa vie personnelle et familiale. Il se maria au cours de sa dernière année d'université et fit de son mieux pour établir une relation solide avec sa femme. Ensemble, ils parcoururent le monde, à la recherche de connaissances nouvelles et de cultures différentes

Pour sa carrière, Alain visait à poursuivre sa croissance en occupant le poste de PDG d'une grande entreprise et était convaincu d'être capable d'assumer une telle responsabilité.

Cependant, malgré tous ses efforts, il rencontra des difficultés pour obtenir le rôle souhaité. Le poste le plus élevé qu'il se voyait offrir était celui de vice-président. Malgré ses qualifications et ses réalisations, il ne semblait pas pouvoir progresser au niveau supérieur.

Chapitre 3 – De retour aux affaires familiales

L'objectif d'Alain était de gravir les échelons pour finalement devenir PDG. Il avait travaillé dur pendant des années et se sentait prêt pour la prochaine étape de sa carrière.

Il prit contact avec son réseau et fit appel à des cabinets de chasseurs de têtes pour l'aider dans sa recherche du poste de PDG idéal. Au départ, ses perspectives semblaient positives avec plusieurs pistes prometteuses. Il était confiant qu'il recevrait rapidement une bonne opportunité. Mais au fur et à mesure que les semaines se transformaient en mois, son optimisme commença à décliner. Malgré tous ses efforts, il ne réussit pas à décrocher d'offre.

Alors qu'il était sur le point de perdre espoir, il reçut un appel de sa mère l'informant que son père était très malade et qu'il devait venir le voir dès que possible. Le cœur d'Alain se serra. Il savait que son père avait des problèmes de santé depuis un moment, mais il n'avait aucune idée que les choses avaient pris une telle ampleur.

Alain fit ses valises et réserva un vol sans hésiter. Quand il arriva à la ferme, il fût choqué de voir à quel point son père avait décliné. Il était pâle et faible, et il était clair qu'il souffrait beaucoup. La mère d'Alain lui expliqua que la santé de son père s'était rapidement détériorée au cours des dernières semaines, mais qu'ils ne lui en avaient pas parlé initialement pour éviter de l'inquiéter.

Alain ressentit du remord de n'avoir pas été là pour sa famille et réalisa qu'il devait agir rapidement. Avec sa femme, ils prirent quelques mois de congé et s'installèrent à la ferme pour prêter main forte. Ils aidèrent sa mère et ses frères et sœurs à gérer la ferme et à prendre soin de son père.

Alors qu'Alain travaillait à la ferme, il ne pouvait s'empêcher de penser à son ambition de devenir PDG. Il s'était toujours imaginé dirigeant une équipe de cadres supérieurs, mais maintenant il se retrouvait à gérer des travailleurs qui nettoyaient les écuries et cultivaient la terre. C'était loin du mode de vie d'entreprise auquel il était habitué.

Ne voulant pas abandonner ses aspirations, Alain continua à signaler à ses réseaux qu'il cherchait toujours un poste de PDG et en discuta aussi avec son père qui l'avait toujours soutenu. À sa grande joie, son père l'encouragea à continuer sa recherche et lui dit qu'il était sûr que son fils était plus que capable d'être un grand PDG.

Au fil du temps, la santé du père d'Alain s'améliora, et il reprit progressivement plus de responsabilités à la ferme. Alain était heureux de voir son père se rétablir et de pouvoir y contribuer, mais il ne pouvait pas se débarrasser du sentiment qu'il était destiné à de plus grandes choses. Ainsi, en suivant les conseils de son père, Alain continua à rappeler à son réseau professionnel qu'il était toujours intéressé par un poste de PDG.

Être loin de la ville ne l'aidait pas, comme sa recherche d'emploi nécessitait qu'il rencontre plusieurs personnes. Il savait qu'il devait prendre une décision difficile. D'un côté, il se sentirait coupable s'il abandonnait sa famille pour retourner dans le monde de l'entreprise, mais de l'autre, il réalisait qu'il devait être concentré sur sa recherche pour trouver l'opportunité pour laquelle il avait travaillé si dur.

Un jour, le père d'Alain l'approcha, remarquant qu'il était souvent perdu dans ses pensées :

- Salut fils, as-tu un moment ?

- Bien sûr, qu'est-ce qu'il y a ?

- J'ai réfléchi à ta carrière récemment, et je voudrais discuter avec toi de tes projets. Je sais que tu envisages de rester pour nous aider à la ferme, mais je crois que ce serait mieux pour toi de poursuivre ton rêve de devenir PDG dans une plus grande entreprise.

- Mais je pensais que tu avais toujours voulu que je reprenne l'exploitation familiale ?

- En effet, et je le veux toujours. Mais je veux aussi ce qu'il y a de mieux pour toi et ta carrière. En tant que PDG d'une grande entreprise, tu aurais la possibilité de te développer beaucoup plus et la chance d'avoir un impact bien plus important sur le monde et sur la société.

- C'est ce que j'ai toujours pensé, mais être ici ces dernières semaines m'a fait douter. Je trouve beaucoup de satisfaction à être proche du monde réel et de la communauté locale et à pouvoir contribuer à fournir des jobs à nos employés et des produits sains à nos clients.

- Tout ce que je te demande, c'est d'y réfléchir. Tu n'auras pas besoin de compromettre tes valeurs ou de te déconnecter de la communauté lorsque tu assumeras un autre rôle. Je suis convaincu que tu garderas ton empathie et tes valeurs partout où tu iras. En tant que PDG d'une grande entreprise, tu serais bien placé pour prendre des décisions qui affecteraient un très grand nombre de personnes, tant au sein de l'entreprise que dans la communauté au sens large. Prends simplement le temps de réfléchir à toutes tes options et de peser le pour et le contre à court et à long terme. Et si tu décides que le poste de PDG est ce qu'il y a de mieux pour toi, je te soutiendrai et serai là quand tu auras besoin de mon aide.

Après mûre réflexion, Alain décida de sauter le pas et de retourner en ville. Bien que laisser sa famille derrière lui fût difficile, il savait que c'était le bon choix pour sa carrière.

Il était reconnaissant pour le temps qu'il avait passé à la ferme, car cela lui avait donné une nouvelle perspective sur la vie et sur l'importance de la famille. Peu importe où sa carrière le mènerait, il savait que sa famille passerait toujours en premier.

Peu de temps après, un ancien collègue qu'Alain avait aidé par le passé l'appela et l'informa que la Société des Produits Chimiques Innovants recherchait un nouveau PDG. L'entreprise, qui opérait dans un créneau prometteur avec des produits de haute qualité, rencontrait quelques problèmes financiers et avait besoin de quelqu'un qui pourrait la redresser et serait prêt à investir des fonds pour la remettre sur la bonne voie. Alain connaissait assez bien la SPCI et avait effectivement entendu dire que l'entreprise perdait de l'argent depuis plusieurs années.

Malgré cela, Alain fût intrigué par l'opportunité de diriger cette entreprise et d'y faire la différence. Il en discuta avec sa femme, et tous deux décidèrent de saisir l'opportunité en investissant leurs économies et en contractant un prêt bancaire complémentaire. Ils étaient convaincus que c'était là une chance unique pour qu'Alain puisse réaliser son rêve de devenir PDG.

Chapitre 4 – La variable manquante

Alain postula pour le poste de PDG de la SPCI et passa une série d'entretiens, d'abord avec l'agence mandatée de chasseurs de têtes, puis avec les responsables de l'entreprise. Finalement, il rencontra le président de la société qui en était également le chef du conseil d'administration.

- Bonjour Alain. Merci d'avoir pris le temps de me rencontrer aujourd'hui.

- Bonjour Monsieur. Je vous remercie pour cette opportunité. Je suis ravi d'être ici.

- Comme vous le savez, nous sommes à la recherche d'un nouveau PDG qui pourra inverser la situation et permettre à la SPCI de renouer avec la rentabilité. Bien que nous fussions autrefois leader sur le marché, notre entreprise a perdu des parts de marché au cours des trois dernières années et est devenue déficitaire. Nous avions des candidats internes solides, dont un soutenu par le PDG sortant, mais le conseil d'administration a préféré recruter quelqu'un d'externe à l'entreprise, pour qu'il apporte une nouvelle dynamique et une perspective fraîche. Dans ce cadre, votre parcours a particulièrement attiré notre attention.

- Merci pour cette marque de confiance. Je serais honoré de pouvoir mettre mon expérience et mes compétences au service de cet objectif. J'ai par le passé contribué à plusieurs redressements de situation pour permettre aux entreprises dont j'étais le directeur général adjoint de traverser des périodes tumultueuses et de renouer avec la croissance. Je crois en un style de leadership collaboratif, où je travaille en étroite collaboration avec le comité de direction pour définir des objectifs et des stratégies clairs, et où je les épaule pour atteindre ces objectifs.

- Cela ressemble exactement au type de leader que nous recherchons. Le PDG actuel est dans l'entreprise depuis de nombreuses années et y compte de nombreux partisans qui pourraient ne pas apprécier ce changement à la tête de l'entreprise.

- Je comprends que la transition puisse être difficile pour certaines personnes. J'ai de l'expérience dans la conduite du changement, et je crois en une communication ouverte et transparente avec toutes les parties prenantes. Je crois également en l'implication des employés dans le processus de changement autant que possible, pour qu'ils soient engagés dans la nouvelle orientation.

- Parfait, merci pour ce partage. Nous sommes impressionnés par vos qualifications et votre expérience et croyons que vous pourriez être un excellent choix pour le rôle que nous avons à pourvoir. Dès que nous aurons fini de rencontrer les autres candidats, nous vous contacterons pour vous informer de notre décision finale.

- Je vous en remercie. Je serais ravi de cette opportunité et j'ai hâte de pouvoir rejoindre votre équipe.

Alain attendit impatiemment une réponse. Au fur et à mesure que les jours passaient, il avait de plus en plus de mal à se concentrer sur autre chose. Il vérifiait constamment son téléphone et sa messagerie électronique, espérant de bonnes nouvelles ; mais les jours se transformaient en semaines et il n'y avait toujours pas de nouvelle. Il commença à se demander s'il avait commis une erreur en postulant pour le poste. Peut-être n'était-il pas qualifié après tout, ou peut-être que quelqu'un d'autre avait déjà été choisi.

Au moment où Alain était sur le point de perdre espoir, il reçut finalement un appel du président de SPCI.

- Bonjour Alain, je voulais vous contacter personnellement et vous faire savoir que le conseil d'administration et moi-même avons décidé de vous offrir le poste de PDG de la SPCI. Nous avions discuté de votre brillant palmarès, mais ce qui a permis de vous distinguer des autres candidats, c'est votre style de leadership, qui est en parfait accord avec les valeurs de notre entreprise.

- C'est une excellente nouvelle ! Je vous remercie pour votre confiance.

- Nous sommes heureux de vous avoir à bord et avons hâte que vous commenciez. Vous serez contacté d'ici demain pour finaliser le côté administratif, afin que vous puissiez commencer dès la semaine prochaine. Encore une fois, félicitations et bienvenue dans l'équipe.

Alain avait du mal à le croire. Il avait enfin décroché l'opportunité qu'il attendait. Il savait que ce ne serait pas facile, mais il était confiant d'avoir les compétences et la détermination nécessaires pour redresser la situation de l'entreprise.

Alain n'attendit pas. Sur la base de sa connaissance préalable de l'entreprise et de diverses informations recueillies sur son site web et dans des rapports des analystes qui suivaient l'entreprise, il élabora une proposition de stratégie, incluant des extensions possibles des gammes de produits, des positionnements et des prix différenciés des produits sur les différents segments du marché, de nouveaux canaux de distribution à cibler, des modèles opérationnels à adopter, des images de marques à retravailler, une réorganisation de la chaîne d'approvisionnement, etc.

Pour cela, il utilisa sa vaste connaissance des industries dans lesquelles il avait travaillé, ainsi que sa riche expérience acquise lors des transformations qu'il avait menées par le passé.

Il se sentait prêt à enrichir la stratégie de la SPCI pour lui permettre de se remettre sur les rails. Dans ses précédentes postes de directeur de l'exploitation, il avait aidé les PDG à plusieurs reprises à réaligner le portefeuille de produits par rapport aux besoins du marché, à étendre la distribution à de nouveaux canaux et à augmenter considérablement la marge brute de l'entreprise.

Cependant, dès qu'il commença le travail et eut quelques séances de transition avec le PDG sortant et avec Janus, le directeur financier de l'entreprise, sur les opérations de l'entreprise, Alain réalisa rapidement que les gammes de produits existantes, la base de clients, le modèle de distribution et les positionnements des marques étaient déjà parfaitement conçus et bien équilibrés. Par ailleurs, la vision et les objectifs de l'entreprise pour les cinq prochaines années étaient également extrêmement bien pensés.

Au lieu de se sentir rassuré, cette découverte laissa Alain incertain quant à la façon dont il pourrait apporter une valeur ajoutée et obtenir de meilleurs résultats que l'équipe précédente pour ainsi redresser la situation financière de l'entreprise. Il fut terrifié à l'idée qu'il n'avait peut-être rien de plus à apporter à l'entreprise, et que celle-ci, avec lui aux commandes, continuerait quand même à perdre de l'argent et que lui-même y perdrait du coup toutes ses économies. Avait-il péché par orgueil et commis une erreur en investissant dans cette entreprise en difficulté ?

De retour chez lui, Alain confia ses inquiétudes à sa femme et exprima son incertitude quant à l'impact qu'il pourrait apporter.

Elle lui conseilla de ne pas stresser, car il en était seulement à sa première semaine à la SPCI et qu'il avait encore beaucoup à apprendre sur l'entreprise et de nombreuses personnes à rencontrer.

- N'oublie pas ta devise et la leçon que tu enseignes souvent à tes équipes : "Cherchez la variable manquante ; si en théorie, A devrait mener à B, mais que cela ne se concrétise pas dans la réalité, alors nous devons chercher la variable manquante, celle qui entrave cette formule théorique". Tu dois trouver ce qui ne va pas ; si la stratégie de l'entreprise est tellement parfaite, alors qu'est-ce qui l'empêche de produire les résultats escomptés ?

Cela faisait du sens ! Alain décida de suivre le conseil de sa femme et de continuer son apprentissage de l'état de la société, en parlant avec les employés à tous les niveaux de l'organisation et en examinant les données financières, des ventes, du marketing et des différentes opérations au cours des prochaines semaines.

Chapitre 5 – Conflits au comité de direction

L'objectif d'Alain pour sa première année était simple mais ambitieux : restaurer la rentabilité, même à petite échelle, tout en stoppant le déclin des parts de marché. Il partagea cela avec les directeurs des différentes fonctions de l'entreprise lors de sa première réunion avec le comité exécutif et fut choqué par leurs réponses :

Alain : Restaurer la rentabilité ne sera pas chose facile, mais je suis déterminé à y parvenir. Comment chacun d'entre vous peut-il y contribuer ? Toutes les idées sont les bienvenues.

Stacy, Directrice Marketing : Nous nous en sortons déjà très bien. Nous sommes le deuxième plus grand annonceur de notre industrie et l'entreprise dont le budget média est le plus élevé par rapport à ses ventes. Nous comptons sur vous pour augmenter nos dépenses afin de consolider cette avance.

Jonathan, Directeur Commercial : Nous sommes également appréciés par nos clients pour les marges élevées que nous leur offrons. Pour continuer à obtenir leur soutien, nous pourrions augmenter nos fonds de coopération. De plus, nous avons besoin que notre département logistique livre nos commandes à temps.

Nate, Directeur Logistique : Notre département s'efforce de générer des économies pour contribuer à la profitabilité de la SPCI. Dans ce cadre, nous avons introduit des améliorations à nos opérations au cours des deux dernières années, en combinant les livraisons aux clients pour les expédier ensemble. Nous attendons d'avoir reçu suffisamment de commandes provenant de la même ville pour les expédier ensemble et réduire nos coûts de livraison. En appliquant cela avec fermeté, même si certaines commandes doivent attendre quelques semaines, nous sommes devenus les meilleurs de l'industrie en termes de coûts d'expédition par commande.

Sofia, Directrice de production : Vous serez fier d'apprendre que nous sommes les meilleurs de notre industrie en termes de taux d'utilisation de notre capacité de production. Plus ce taux est élevé, plus le coût de production par unité est bas. Pour ce faire, nous exécutons des lots de production plus longs, produisant parfois le volume d'une année complète d'un produit en un mois. Cela nécessite d'informer continuellement l'équipe de vente sur les commandes clients à accepter ou non, car tous les produits ne sont pas disponibles tout le temps.

Kamel, Directeur informatique : Nous contribuons également à réduire les coûts et à réaliser des économies. Par exemple, il y a deux ans, nous avons prolongé la durée de vie de nos ordinateurs de 4 à 6 ans, ce qui a réduit nos dépenses informatiques de moitié. Notre coût informatique par rapport au chiffre d'affaires de l'entreprise est maintenant le deuxième meilleur parmi nos concurrents. Il nous reste juste de faire en sorte que les employés arrêtent de se plaindre de la qualité du matériel informatique au nom de la productivité.

Janus, Directeur financier : Étant donné que le directeur financier et le PDG sont personnellement responsables de la gestion de l'entreprise, nous avons établi des règles strictes pour les dépenses. Pour tout achat, l'initiateur doit obtenir cinq devis et l'approbation de son supérieur et de son responsable financier. Nous avons également prolongé les délais de paiement des fournisseurs à six mois, ce qui a eu un impact positif sur notre trésorerie l'année dernière, mais maintenant notre position de trésorerie s'est détériorée ; ce pour quoi, je propose d'augmenter ces délais de paiement à un an.

Barry, Directeur des ressources humaines : Nous devons contrôler ce que les employés font de leur temps, pour nous assurer qu'ils donnent le maximum. Nos collègues du département informatique pourraient installer un logiciel de reconnaissance faciale qui de surcroît enregistreraient les touches clavier pour s'assurer que nos employés passent bien les 8 heures à travailler. Nous avons le droit de déduire le temps non travaillé de leur salaire et même de nous séparer des récidivistes. L'ancien PDG n'a pas osé mettre en œuvre cette proposition, alors j'espère que vous, vous aurez le courage de le faire.

Alain écoutait attentivement et hochait la tête. Bien qu'il ait anticipé que chaque département aurait ses propres objectifs et priorités, il fût surpris par le niveau de disparité entre eux, à tel point que certains pourraient même être préjudiciables à la performance globale de l'entreprise ! Il avait besoin que tous les directeurs prennent la mesure de ces incohérences et trouvent un moyen de toutes les équilibrer.

- Je comprends le point de vue de chacun d'entre vous. Mais nous devons trouver un moyen de travailler ensemble et d'atteindre notre objectif global qui est de restaurer notre rentabilité et de regagner des parts de marché. La seule façon de changer le destin de l'entreprise est que chaque fonction ait des objectifs et des indicateurs de performance compatibles les uns avec les autres et entièrement alignés sur les objectifs de l'entreprise.

Stacy, je suis d'accord que la publicité est importante, mais nous devons nous assurer que nous dépensons notre budget à bon escient et que nous mesurons l'efficacité de nos campagnes publicitaires pour nous assurer d'obtenir le meilleur retour sur investissement possible.

Jonathan, je comprends que les marges des clients sont importantes, mais nous devons également nous assurer que nous sommes bénéficiaires avec chacun d'eux. Nous devons suivre l'efficacité de nos dépenses chez nos clients et identifier les clients avec qui nous perdons de l'argent actuellement, pour y remédier.

Nate, vous avez raison de dire que les frais de livraison sont importants, mais cela doit aller de pair avec la satisfaction de nos clients grâce à des livraisons rapides. Gardez à l'esprit que vous représentez l'image de notre entreprise auprès des clients et veuillez ajuster vos pratiques d'expédition en conséquence.

Sofia, l'utilisation de notre capacité de production est effectivement importante, mais nous devons également nous assurer que nous réduisons nos inventaires tout en étant capables de répondre aux commandes de nos clients. Les ventes manquées en raison de l'indisponibilité des produits constituent un manque à gagner trop important et cette production excédentaire se transforme en inventaire non productif, ce qui met une pression énorme sur notre trésorerie. Nous devons ajuster la planification de la production par rapport à la demande des clients, et non le contraire.

Alain fit une pause et réfléchit un moment avant de continuer.

Kamel, la réduction de nos coûts opérationnels est en effet importante, mais nous devons également nous assurer que notre infrastructure informatique est fiable et efficace et que nos employés disposent de la technologie dont ils ont besoin pour être productifs. Cela impactera directement les résultats de l'entreprise.

Janus, la trésorerie est en effet essentielle, mais nos relations avec nos fournisseurs le sont tout autant. Il est courant qu'ils augmentent leurs coûts unitaires pour couvrir des conditions de paiement trop contraignantes. De plus, notre contrôle de gestion doit être raisonnable et ne pas se transformer en bureaucratie qui grèverait nos opérations.

Barry, il faut faire la distinction entre des employés qui donnent leur maximum de temps et des employés qui donnent le meilleur d'eux-mêmes. Mon expérience montre que le comportement des employés est principalement une réponse à l'environnement et à la culture de l'entreprise. Trouvons donc des moyens de motiver et d'impliquer nos employés, et non pas de surveiller leurs actions.

Je vais faire appel à une consultante externe qui aidera chacun d'entre vous la semaine prochaine à réviser les indicateurs de performance de votre département, pour les aligner avec les autres départements. Elle travaillera avec vous séparément, sauf pour les départements Commercial, Logistique, Production et Marketing ; elle vous rencontrera ensemble, car vos indicateurs de performance sont interdépendants. Je vous reverrai tous dans deux semaines pour examiner vos propositions.

Chapitre 6 – Les problèmes de collaboration s'aggravent

La consultante aida chaque département à repenser ses indicateurs clés de performance et à déterminer les métriques principales puis secondaires pour évaluer sa réussite et sa contribution aux résultats de l'entreprise. De plus, elle les aida à faire la distinction entre les mesures finales et intermédiaires.

À la fin des deux semaines, les départements étaient prêts à présenter leurs résultats à Alain. Les présentations se déroulèrent plutôt bien pour la plupart des départements ; sauf pour la session conjointe entre le commercial, le marketing, la production et la logistique qui fût assez houleuse.

La consultante initia la discussion :

- Nous avons pu nous mettre d'accord sur un ensemble de métriques, dont certaines communes à tous. Cependant, nous n'avons pas pu parvenir à un accord sur d'autres métriques importants telles que le chiffre d'affaires.

Sofia prit la parole : En effet ! Pourquoi la logistique devrait-elle être mesurée sur le chiffre d'affaires si les commerciaux ne remplissent pas leur travail de vente ?

Jonathan : Et pourquoi devrions-nous être les seuls mesurés sur le chiffre d'affaires si vos équipes réduisent nos commandes de moitié à chaque fois ?

Sofia : Les vôtres apportent des commandes clients à la dernière minute et s'attendent à ce que nous livrions des produits qui n'existent pas !

Jonathan : Ces produits seraient disponibles si vous étiez meilleurs à faire en prévision !

Sofia : Nos prévisions sont basées sur les hypothèses que vous et le marketing nous fournissez, alors blâmez-vous en premier lieu.

Stacy : Je ne peux pas vous laisser dire du mal du marketing ! Nous consacrons beaucoup d'efforts et de ressources à la publicité et à la construction d'images de marques fortes, pour être confrontés à des avis négatifs de la part des clients en raison de problèmes de qualité récurrents. Plusieurs d'entre eux se dirigent ensuite vers les produits concurrents et cela nuit à nos programmes de fidélité. Vous devriez certainement être tenus responsable du chiffre d'affaires pour prendre nos préoccupations plus au sérieux.

Nate : Vous ne pouvez vous en vouloir qu'à vous-mêmes. Le marketing lance des campagnes sans nous consulter, à des moments qui ne correspondent pas à nos calendriers de production, créant ainsi une demande forte aux mauvais moments ! Pas étonnant que nous ayons du mal à honorer les commandes. Et lorsque nous rencontrons des difficultés pour décharger dans les entrepôts des clients, les commerciaux sont injoignables. Une fois qu'ils ont pris les commandes, ils cessent de se soucier du reste du processus.

Alain : Mesdames, messieurs, ça suffit ! Ce que vous dites ne fait que renforcer ma conviction qu'aucun d'entre vous ne peut réussir seul. Nous devons travailler ensemble pour diriger cette entreprise et chacun doit favoriser le succès des autres. Désormais, vous serez tous responsable auprès de moi de la progression du chiffre d'affaires. Nous ne pouvons pas célébrer des commandes non honorées, une utilisation élevée de notre capacité seulement pour produire les mauvais produits, des coûts de livraison faibles pour des livraisons tardives, ni des dépenses publicitaires astronomiques qui sont à moitié inefficaces. Notre système de compensation qui inclut vos primes annuelles reflétera ces indicateurs clés de performance. C'est tout pour aujourd'hui. Je partagerai une proposition détaillée lors de notre réunion de la semaine prochaine.

Ce soir-là, après une longue journée au bureau, Alain décida d'appeler son père pour l'informer des progrès de l'entreprise. Son père était lui-même un homme d'affaires prospère, et Alain l'avait régulièrement consulté toutes ces dernières années sur des questions liées aux affaires et avait toujours apprécié sa sagesse et ses conseils.

- Bonsoir papa, comment vas-tu ?

- Je vais bien, fils. Comment vas-tu ? Et comment ça se passe au travail ? répondit son père.

- On progresse, mais il y a encore beaucoup de travail à faire, dit Alain. Nous avons commencé par réaligner les objectifs fonctionnels sur les objectifs stratégiques de l'entreprise et bien que j'aie rencontré une certaine résistance au début, cela devrait être bientôt terminé.

- Excellent travail, Alain. Je suis tellement fier de toi.

- Merci papa. Les discussions sur les indicateurs clés de performance ont également mis en évidence un point important sur la façon dont nous sommes organisés. Nous ne pouvons tout simplement pas continuer à opérer en silos. J'envisage de réorganiser toute l'entreprise en Unités Opérationnelles commercialisant des gammes de produits spécifiques, dont chacune serait dotée d'équipes pluridisciplinaires, pour améliorer notre efficacité.

- À long terme, cela pourrait s'avérer nécessaire pour que l'entreprise atteigne le prochain palier de croissance. Pour l'instant, penses-tu que l'organisation soit prête pour un changement aussi massif ? Une refonte complète des lignes hiérarchiques reviendrait à changer un moteur d'avion en plein vol et comporte d'énormes risques. Prends garde à la résistance naturelle des employés au changement. Nombreux parmi eux, à tous les niveaux, seront réticents à adopter de nouvelles idées et méthodes, ce qui compliquera l'exécution de tes changements.

- Que suggérerais-tu dans ce cas ?

- Il existe de nombreuses façons de surmonter cette résistance, avec de la communication régulière et efficace, avec des implémentations de projets pilotes à plus petite échelle pour démontrer les bienfaits de la transformation, ou encore avec de multiples changements progressifs au lieu d'un seul changement massif. Je suis sûr que tu trouveras le moment propice et la méthode appropriée.

Dans l'immédiat, tu peux habituer les différentes fonctions à travailler ensemble, en parrainant des projets visant à résoudre les problèmes pluridisciplinaires les plus importants : amélioration des prévisions de vente, baisse des niveaux d'inventaire, lancement de nouveau produit ... Des représentants de chaque fonction devraient travailler ensemble sur ces projets, et seraient obligés de comprendre leurs contraintes respectives pour pouvoir réaliser le projet. Quand l'organisation sera habituée à travailler de façon multifonctionnelle, tu pourras procéder à la refonte de l'organigramme de l'entreprise en Unités Opérationnelles.

- Merci papa ! C'est un excellent conseil.

Après avoir raccroché, Alain se sentit reconnaissant du soutien et des conseils de son père et ressentit un regain de détermination pour continuer à avoir un impact positif sur l'entreprise.

1er point de contrôle – Enseignements clés :

« Harmoniser les objectifs des départements »

- Les départements doivent trouver un moyen de travailler ensemble et d'atteindre l'objectif global de l'entreprise.
- La seule façon de changer le destin de l'entreprise est que chaque département ait des objectifs et des indicateurs clés de performance qui soient compatibles entre eux et pleinement alignés sur les objectifs de l'entreprise.
- Personne ne peut réussir seul. Tous les départements doivent comprendre comme ils s'influencent les uns les autres et travailler ensemble pour atteindre les objectifs de l'entreprise.
- Réaligner les objectifs fonctionnels sur les indicateurs de performance de l'entreprise est le premier pas vers le succès.
- Le système de compensation, qui comprend les bonus annuels, doit refléter ces nouveaux indicateurs clés de performance.
- Méfiez-vous de la résistance naturelle de l'organisation au changement. De nombreux employés à tous les niveaux sont réticents à adopter de nouvelles idées et méthodes. Surmontez cette résistance par des communications efficaces et fréquentes, des mises en œuvre pilotes à une plus petite échelle ou de multiples changements graduels plutôt que massifs.
- Rapprochez les différentes fonctions en organisant régulièrement des événements de collaboration sur des sujets importants et en parrainant des projets visant à résoudre les plus gros points de friction des processus métier. Intégrez des représentants de chaque département à ces projets, pour qu'ils apprennent à travailler ensemble et à collaborer pour atteindre leurs objectifs.

Chapitre 7 – Prise de contact mouvementée

Au cours des semaines suivantes, Alain évalua minutieusement les performances de l'entreprise, son organisation et les retours de ses clients.

Pour compléter sa compréhension des opérations, il entreprit un tour pour visiter tous les sites de la société, afin d'interagir directement avec les employés et se rendre compte par lui-même de la culture prédominante.

Il s'enquit auprès de tous les employés qu'il rencontra de leur satisfaction au travail et de leurs sentiments envers l'entreprise. Il fut surpris, voire choqué, de recevoir des témoignages cohérents mentionnant que l'environnement de travail était assez toxique et de percevoir un manque d'implication chez les employés. Par ailleurs, personne ne semblait savoir quelle était la vision de l'entreprise. La stratégie impressionnante élaborée par le comité de direction n'était clairement ni comprise ni implémentée dans la pratique.

Lors d'une de ces visites, à une quarantaine d'employés réunis autour d'une table de conférence, Alain déclara : « Je veux faire de cette entreprise l'un des meilleurs endroits où travailler. Je voudrais connaître les problèmes auxquels vous êtes confrontés afin que je puisse le prendre en considération lors de l'élaboration du plan d'action de l'entreprise. »

Une employée nommée Alice prit la parole. « Je travaille ici depuis quelques années et j'ai l'impression de stagner au même poste et de ne pas avoir d'opportunités pour progresser dans ma carrière. »

Un autre employé nommé Jack a ajouté : « L'un des problèmes majeurs est le manque de communication et de transparence dans toute l'entreprise. Nous nous sentons déconnectés de la direction générale et sommes incertains quant aux priorités de l'entreprise, car chaque service semble en avoir une version différente. Je suis prêt à travailler dur, mais seulement si je comprends pourquoi. »

Alice ajouta : « Nous ressentons beaucoup de stress et de pression. Le management change souvent de priorités, parfois à la dernière minute, ce qui rend les délais demandés irréalistes. Et même lorsque nous travaillons dur, ceci n'est généralement ni apprécié ni reconnu. Nous n'entendons parler de la direction que lorsque quelque chose ne va pas, et les commentaires positifs sont rares. Plusieurs collègues ont été totalement épuisés et ont soit démissionné soit pris de longs congés maladie. »

Alain répondit : "Je suis désolé d'entendre cela. Le travail ne devrait pas nuire à notre santé, à notre bien-être ou à l'équilibre de nos vies professionnelle et personnelle. »

Jack dit alors : « Pour aggraver les choses, il y a des rumeurs de harcèlement et d'intimidation qui ne sont pas prises en compte. Les collègues harcelés finissent par démissionner et les auteurs, en particulier ceux de rang hiérarchique supérieur, ne sont pas tenus responsables. Les employés ont trop peur de parler et ne font pas confiance à l'entreprise pour les protéger de représailles. »

Alain hocha la tête. "Je comprends. Soyons clairs, ce genre de comportement ne sera pas toléré. Si quelqu'un subit du harcèlement ou de l'intimidation, je veux qu'il se sente en sécurité pour en parler et le signaler. "

Les employés hochèrent la tête, reconnaissants qu'Alain prenne leurs préoccupations au sérieux et s'engage à apporter des changements pour améliorer leur quotidien.

Cependant, dans d'autres sites, le niveau d'apathie des employés était alarmant. Très peu d'entre eux assistèrent aux réunions et presque personne parmi les rares qui venaient ne prit la parole. Alain se rendit compte de l'impact négatif de ce manque d'engagement et de motivation sur les résultats, car ces sites-là étaient également ceux où la productivité était la plus basse.

Pendant sa tournée, Alain se rendit compte que l'entreprise avait besoin de changements urgents. Il était évident qu'il devait prendre des mesures rapides pour remédier à ces problèmes afin d'assurer le succès à long terme de l'entreprise.

La dernière visite d'Alain fut également la pire. L'usine, située dans la région du Nord-Est, était l'une des plus grandes et des plus importantes unités de production de la SPCI. En entrant dans la salle de conférence principale, où l'attendait un groupe d'employés, Alain remarqua leurs expressions solennelles et une tension palpable dans l'air.

Alain les salua en essayant de sembler confiant :« Bonjour à tous. Je suis ici pour écouter vos préoccupations, et je comprends que certains d'entre vous ne sont pas satisfaits de l'état actuel de l'entreprise."

Un employé, John, prit la parole : « L'environnement de travail ici est toxique. Nous sommes surchargés de travail et sous-valorisés. »

Une autre employée, Rachel, ajouta : « Nous avons signalé le problème à plusieurs reprises, mais rien n'a été fait. Nos responsables prétendent simplement suivre les ordres et nous avertissent que nous devons nous calmer si nous voulons garder notre emploi. »

« Cela est loin de l'esprit que je veux pour cette entreprise ! », rétorqua Alain. « Pouvez-vous préciser ce que vous entendez par environnement toxique ? Cela me permettra de mieux comprendre la situation. »

John poursuivit : « La direction ne se soucie pas de nous et ignore nos préoccupations. Aucune suggestion d'amélioration que nous soumettons n'est prise en considération et nous sommes punis si nous prenons une quelconque initiative. Nous ne nous sentons pas encouragés à essayer de nouvelles choses, à apprendre et à nous développer, et au lieu de cela, nous avons peur de commettre des erreurs de crainte d'être pénalisés. »

« Je comprends votre frustration, répondit Alain. En tant que nouveau PDG, je prends vos préoccupations au sérieux et travaillerai à améliorer l'environnement de travail dans tous les locaux de l'entreprise. »

John n'était clairement pas satisfait : « Nous avons déjà entendu des promesses similaires avant, mais rien n'a changé. Nous envisageons même de nous mettre en grève, car nous en avons assez. »

Pour Alain, la perspective d'une grève dans une usine aussi importante était alarmante. Il devait agir rapidement et efficacement pour l'empêcher. « Je vous entends, et j'ai besoin d'un peu de temps pour résoudre ces problèmes. Je m'engage à répondre à vos préoccupations et à créer un meilleur environnement de travail pour tous. »

Les employés semblaient plus calmes mais toujours sceptiques. Alain réalisa qu'il avait beaucoup de travail à faire pour regagner leur confiance. Il avait peut-être gagné du temps pour éviter la grève, mais il devait obtenir des résultats rapidement !

Après avoir terminé sa tournée, Alain réfléchit à ses observations :

« Wow, par où commencer ? C'est bien pire que j'anticipais. Comment puis-je remettre l'entreprise sur les rails quand les employés sont si découragés ? C'est comme essayer de faire la course avec des pneus à plat. »

Son téléphone sonna à ce moment-là, et il fut soulagé de voir que c'était son père qui appelait.

- Salut papa, comment ça va ?

- Je tiens le coup. Je ressens juste le poids de l'âge.

- Tu veux que je vienne t'aider ?

- Non, ça va. Comment te débrouilles-tu en tant que PDG ? J'ai perçu une pointe d'inquiétude dans ta voix quand tu as répondu au téléphone, j'espère ne pas en être la cause !

- En petite partie seulement, répondit Alain, amusé. Je reviens tout juste d'une tournée dans l'ensemble de l'entreprise pour rencontrer les employés, et je dois admettre que ce fut assez pénible. J'ai été choqué de voir à quel point les employés étaient insatisfaits et combien il est urgent de répondre à leurs préoccupations. Pas étonnant que les résultats de l'entreprise soient médiocres. Les employés se plaignent de désorganisation, de surcharge de travail, de manque de reconnaissance pour leurs résultats et même de mauvaise éthique de la part de leurs supérieurs. J'ai fait de mon mieux pour rester positif et rassurant, mais je ressens un grand malaise.

- D'un certain côté, c'est une bonne nouvelle, et tu devrais t'en féliciter.

- Une bonne nouvelle ? Comment est-ce possible ? Demanda Alain, perplexe.

- Regarde : le véritable problème serait que tous les employés soient désengagés et ne prennent même pas la peine de te parler. Mais un employé qui s'exprime est un employé qui a encore foi en son leader pour corriger les torts. C'est un vote de confiance. Les plaintes que tu as reçues sont des informations précieuses sur la façon d'améliorer l'entreprise, plus efficaces que ce que n'importe quel consultant externe pourrait te conseiller.

- J'aime bien cette perspective positive, papa. Elle est plus stimulante et énergisante. Je garderai ce conseil à l'esprit.

- Souviens-toi toujours d'écouter tes employés, ce sont eux qui font tourner l'entreprise.

- Je le ferai. Je pensais à la manière dont je pourrais leur montrer que je me soucie d'eux. Peut-être puis-je commencer par améliorer le menu de toutes les cantines ? Je pourrais le faire en moins d'un mois. Que penses-tu de cela comme première victoire rapide ?

- Il est recommandé d'adresser d'abord les besoins et attentes de base des employés, avant de s'occuper des avantages supplémentaires ou des extras. Si les besoins de base ne sont pas satisfaits, les employés resteront insatisfaits, même s'ils reçoivent certains extras qu'ils n'avaient pas réclamés. Je te recommande d'accorder la priorité aux problèmes tels que la surcharge de travail, le peu de reconnaissance, le manque de fierté des employés envers leur travail et leur entreprise, ainsi que leur déconnection d'avec la direction. Une fois que les besoins de base sont remplis, tu pourras introduire des avantages supplémentaires, car à ce moment les employés y seront beaucoup plus réceptifs.

- Cela est très clair maintenant. Tu as toujours eu un don pour expliquer des concepts complexes de manière simple ! Il est vrai que j'ai perçu, même chez les employés les plus mécontents, une attente que j'améliore leur quotidien, afin qu'ils puissent fournir un travail significatif dont ils puissent être fiers. Je suis clair sur les priorités maintenant. Merci pour les conseils, papa.

- C'est quand tu veux, fils. Je serai toujours là pour te soutenir.

À son retour au siège de la SPCI, Alain convoqua une réunion avec l'équipe de direction pour discuter des problèmes qu'il avait recueillis pendant sa tournée.

Barry, Directeur des Ressources Humaines : Vous rappelez-vous du nom des employés les plus virulents de chaque site ? Je m'assurerai de traiter leur cas le plus rapidement possible.

Alain : Qu'entendez-vous par là ?

Barry : Nous devons les empêcher d'influencer négativement le reste des employés ; nous avons plusieurs méthodes pour licencier ces fauteurs de trouble ou faire en sorte qu'ils démissionnent avant qu'ils n'initient une grève ou que leur mécontentement ne contamine d'autres.

Alain : Une minute, vous plaisantez j'espère ! Est-ce que vous m'avez au moins écouté ? Ces personnes nous ont fourni de précieux retours sur ce que nous devons faire pour faire de cette entreprise un excellent lieu de travail. Je n'accepterai aucune représailles contre eux !

Janus, Directeur Financier, cherchant à calmer la situation : Sur la base de ce que vous avez partagé avec nous, je vois deux mesures immédiates à prendre : mettre fin au harcèlement et aux intimidations et rétablir la communication entre la direction et les employés grâce à des communications à l'échelle de l'entreprise. Barry, si vous pouviez vous occuper du premier point, je serais heureux de prendre en charge le second, si Alain est d'accord bien sûr.

Alain : Absolument, merci de vous être proposé. La prise de mesures visibles sur ces deux fronts enverra un message positif dans toute l'organisation. De plus, Barry, je voudrais que tu crées une enquête de satisfaction pour que tous les employés puissent la remplir anonymement en ligne. Nous utiliserons les résultats pour décider des actions à implémenter pour améliorer le quotidien des employés. Étant donné l'importance de cette enquête, je voudrais examiner les questions proposées avant qu'elle ne soit envoyée. Nous pourrons ensuite la renvoyer après six mois pour évaluer nos progrès. Janus, dans le plan de communication, veuillez inclure un courriel mensuel de ma part à tous les employés pour les tenir au courant de l'état des affaires et de nos progrès vers nos différents objectifs.

Barry : Êtes-vous sûr de vouloir faire cela ? Qu'en est-il de la confidentialité ? Et si vous partagez ces informations avec les employés et qu'ils quittent l'entreprise ?

Alain : Et que se passerait-il si je ne les partageais pas avec eux et qu'ils restaient ? Tous les employés doivent avoir accès à ces informations pour pouvoir coordonner leur travail et comprendre l'importance de leur rôle dans le succès de l'entreprise. Toutefois, je comprends votre préoccupation ; ces communications n'incluront jamais d'informations hautement sensibles.

Janus : Y a-t-il autre chose que je devrais inclure dans le plan ?

Alain : Oui, lors de ma tournée, il était évident que de nombreux employés n'étaient pas bien informés de ce qui se passait au sein de leur propre organisation. Je souhaiterais que tous les directeurs de site distribuent régulièrement une lettre d'information à leurs employés. Il pourrait s'agir d'une version simplifiée de celle qu'ils nous envoient mensuellement. Ainsi, cela ne nécessitera pas trop d'efforts de leur part.

Janus : C'est noté. Je vous présenterai une proposition du plan de communication complet la semaine prochaine pour votre approbation.

Alain : Merci. J'ai hâte de le voir. Et Barry, pourriez-vous également me présenter un plan pour lutter contre le harcèlement et l'intimidation la semaine prochaine ? Nous devons identifier et traiter tous les cas déjà signalés et prévenir ceux futurs ou du moins être en mesure de les détecter rapidement.

Barry : C'est d'accord. Je partagerai avec vous une ébauche de ce plan la semaine prochaine.

Barry chargea son équipe des ressources humaines de mener une enquête approfondie et confidentielle sur tous les cas de harcèlement et d'intimidation signalés au cours des deux dernières années. Avec l'approbation d'Alain, l'enquête aboutit au licenciement de plusieurs cadres responsables de tels comportements et à des mesures disciplinaires contre des hauts cadres qui en étaient au courant mais qui n'avaient pas pris les mesures appropriées. Cette réaction ferme envoya un message clair indiquant que de tels comportements ne seraient pas tolérés dans l'entreprise.

En conséquence, d'autres employés se présentèrent pour faire part de cas de harcèlement dont ils étaient victimes et qu'ils n'avaient pas eu le courage de signaler avant. Alain, qui suivait de près l'avancement de l'intervention, fut triste d'apprendre ces nouveaux cas, mais n'en fut que plus déterminé à créer un lieu de travail sûr et respectueux de chacun. Il travailla avec Barry à la mise en œuvre de nouvelles politiques, procédures et formations pour prévenir le harcèlement et l'intimidation, et apprendre aux employés à identifier et à signaler de tels comportements.

La culture de l'entreprise en fut améliorée car les employés se sentaient plus à l'aise pour s'exprimer et étaient convaincus que leurs préoccupations seraient prises au sérieux sans représailles.

Ils apprécièrent l'engagement personnel du PDG et de l'équipe de direction à créer un environnement de travail sûr et respectueux.

En parallèle, les employés étaient ravis de commencer à recevoir des mises à jour sur les activités de l'entreprise et de l'organisation de la part de leurs dirigeants de site, de l'équipe de communication centrale et même d'Alain lui-même. Ils se sentaient mieux informés et impliqués dans les activités de l'entreprise, ce qui a renforça leur confiance envers la direction.

Du fait de ce nouveau sentiment de confiance, une grande partie des employés prit la peine de répondre à l'enquête de satisfaction. Comme prévu, les résultats étaient mauvais presque partout, car de nombreux problèmes essentiels restaient encore à résoudre.

Alain décida de parrainer une série d'ateliers sur l'efficacité organisationnelle dans les sites présentant les niveaux les plus élevés d'insatisfaction des employés, afin d'identifier et d'adresser leurs préoccupations. Et si un responsable dysfonctionnel à quelque niveau que ce soit évitait d'agir pour corriger les choses, Alain était déterminé à le confronter ou à le remplacer.

Les ateliers devaient réunir des représentants de tous les groupes d'employés et des niveaux de direction. Alain fit appel à une équipe de consultants expérimentés en dynamique organisationnelle et gestion du changement pour animer ces ateliers. Les consultants recueillirent des informations sur l'organisation et sur les problèmes spécifiques auxquels les employés étaient confrontés à travers des groupes de discussion et des entretiens individuels, en préparation aux ateliers. Ensuite, ils étudièrent également les résultats anonymes de l'enquête de satisfaction.

Une fois les données collectées, les ateliers commencèrent et les participants travaillèrent ensemble pour analyser les informations, identifier les domaines d'amélioration et élaborer des plans d'action pour améliorer l'efficacité globale de l'organisation.

Il était attendu des dirigeants des sites qu'ils prennent une part active aux ateliers et s'engagent pleinement à mettre en œuvre les changements identifiés. Ils étaient également tenus responsables des progrès réalisés et devaient en rendre compte régulièrement à Alain.

Les ateliers donnèrent des résultats impressionnants. L'ambiance dans ces sites devint plus dynamique, les employés estimant que leurs voix étaient entendues et que leurs préoccupations étaient prises en compte. Ils se sentaient également plus impliqués et motivés pour travailler en vue d'atteindre les objectifs de l'entreprise.

Alain était ravi de ces premiers résultats qualitatifs et en félicita les directeurs de ces sites qu'il remercia pour leur dévouement et leur travail acharné. Par la suite, il encouragea également les directeurs des autres sites à adopter une approche similaire pour identifier les problèmes à résoudre et les améliorations à apporter.

« Je commence à voir une lueur d'espoir. Il est temps de capitaliser sur l'élan actuel et de faire gagner la SPCI sur le marché, de manière significative. Cela renforcera la fierté des employés envers l'entreprise et leur optimisme quant à l'avenir. Par la suite, je pourrai lancer mon plan plus ambitieux visant à introduire les meilleures pratiques en matière de gestion des ressources humaines et à faire de la SPCI l'une des meilleures entreprises où travailler. »

2ème point de contrôle – Enseignements clés :

"Renforcez vos liens avec les employés"

- Interagissez avec les employés et faites une tournée de tous les bureaux et usines pour comprendre de première main le fonctionnement de l'entreprise et le niveau de bien-être des employés.
- Un employé qui s'exprime est un employé qui a encore confiance en son dirigeant pour corriger les torts. C'est un vote de confiance. Ces plaintes sont des informations précieuses sur la façon d'améliorer l'entreprise, plus efficaces que ce qu'un consultant externe pourrait conseiller.
- Écoutez les employés, ce sont eux qui font fonctionner l'entreprise.
- Répondez d'abord aux besoins et attentes de base des employés avant d'introduire des avantages supplémentaires. Si les besoins de base ne sont pas satisfaits, les employés ne seront pas réceptifs aux avantages additionnels.
- Donnez la priorité à la résolution de problèmes tels que la surcharge de travail, l'absence de reconnaissance, le manque de fierté dans le travail et la déconnection entre les employés et la direction.
- Ne tolérez aucune mesure de représailles contre les employés qui rapportent des problèmes qu'eux ou d'autres collègues rencontrent.
- Établissez une communication directe entre la direction et les employés, idéalement dans les deux sens, pour les tenir informés de l'état de l'entreprise et du progrès réalisé vers ses objectifs.
- Créez un sondage de satisfaction que les employés pourront remplir anonymement. Utilisez les résultats pour informer le plan d'action organisationnel. Évaluez les progrès régulièrement.

- Partagez des informations sur les réussites commerciales de la société pour renforcer la fierté des employés et leur optimisme quant à l'avenir.
- Parrainez une série d'ateliers sur l'efficacité organisationnelle pour identifier et résoudre les problèmes que rencontrent les employés. Invitez des représentants de tous les groupes d'employés et tous les niveaux de la direction, et faites-les éventuellement animer par des experts en dynamique organisationnelle et gestion du changement.

---''''------------

Chapitre 8 – Excellence dans l'exécution

L'atmosphère dans la salle de conférence était chargée alors que les membres du comité exécutif se réunissaient pour une séance de brainstorming de trois heures.

Alain : N'oubliez pas que nous avons besoin de frapper un grand coup. Nous cherchons une idée à implémenter, à laquelle toute l'entreprise puisse participer et dont elle puisse être fière. Ce devrait être un succès réalisable en six à huit mois, qui demanderait un budget raisonnable et aurait de grandes chances de réussir.

Janus : Nous avons discuté de plusieurs idées jusqu'à présent, mais aucune ne répond à tous ces critères. Continuons à chercher jusqu'à ce que nous trouvions la bonne proposition.

Stacy : Et si nous lancions un nouveau produit ? Cela ferait participer tous les départements et enverrait un message fort que l'entreprise est à nouveau proactive.

Alain : D'accord, et comment le faire avec un investissement minimal et un court délai de lancement ?

Sofia : Nous pourrions lancer une offre 2 en 1, combinant deux produits existants ?

Alain : C'est une bonne idée, mais une simple offre duo pourrait ne pas générer l'effet que nous recherchons. Nous avons besoin de quelque chose de plus impactant.

Jonathan : Et si nous combinions l'offre duo avec une promotion significative ? Cela pourrait nous aider à acquérir de nouveaux clients et à étendre notre couverture. Actuellement, nous sommes le quatrième acteur du secteur de la santé, mais nous pourrions viser à combler l'écart avec le leader du marché, Fantistaca Santé S.A.

Alain : J'aime l'idée que toute l'entreprise pourra participer à la conception du pack groupé, à la création de la proposition client, au développement du plan marketing, à l'affinage du calendrier de production, ou encore au renforcement de notre logistique et à la préparation des ventes en ligne et hors ligne.

Janus : De plus, l'investissement initial reste minimal et l'offre promotionnelle pourra facilement être couverte par les ventes additionnelles.

Alain : Est-ce que quelqu'un a d'autres suggestions ? Tout le monde est-il d'accord ? Avant de conclure, je tiens à vous rappeler que la date de lancement doit rester confidentielle entre nous et que nous ne la partagerons avec le reste de l'organisation qu'une semaine avant le lancement, pour prendre nos concurrents au dépourvu. Veuillez travailler ensemble pour élaborer le plan détaillé et faites-moi savoir de quelles ressources vous aurez besoin, ainsi que la personne que vous recommandez pour le poste de chef de projet. Cela conclut la réunion d'aujourd'hui. Merci à tous pour vos précieuses contributions !

Lors de la prochaine réunion du comité trois semaines plus tard, Alain demanda des nouvelles de l'avancement du projet.

Alain : Bonjour à tous. Alors, comment avance le projet ?

Tous se regardèrent, l'air mal à l'aise.

Barry : Pour être honnête, cela ne se passe pas aussi bien que nous l'espérions.

Alain : Pourrais-tu développer ?

Barry : Il y a eu des désaccords sur qui devrait diriger le projet. Pour parler franchement, certains poussent fort pour placer leurs gens à ce poste, tandis que d'autres hésitent à assumer la responsabilité d'un projet aussi critique. De plus, personne ne prend l'initiative pour coordonner ces discussions.

Alain : Je comprends donc que le plan de projet n'a pas du tout avancé ?

Sofia : Nous ne pouvons pas commencer à travailler sur le produit 2 en 1 tant que nous n'avons pas reçu les informations nécessaires du service marketing. Or ils ne veulent fournir que des formats de fichiers que nos machines ne peuvent pas lire. De plus, nous avons demandé au département commercial de retarder un peu les commandes sur les produits existants, mais ils insistent pour recevoir tout le volume précédemment demandé. Nous ne pouvons pas tout gérer en même temps.

Jonathan : Nous ne pouvons pas décevoir nos clients existants non plus. Notre objectif de vente est resté inchangé. Nous devons trouver le moyen d'honorer les commandes et de produire pour l'offre duo en même temps.

Alain : Nous parlons d'introduire une simple offre duo. Je m'attendrais à ce que vous soyez déjà capables de travailler ensemble pour lancer de nouveaux produits. Les problèmes que vous avez mentionnés sont routiniers et devraient être faciles à gérer au niveau de vos équipes respectives.

Barry : En fait, mon observation est que nos managers maîtrisent assez bien leurs compétences fonctionnelles respectives, mais la plupart d'entre eux ont du mal à collaborer avec les autres services dont ils ne comprennent pas les contraintes, ou ne se sentent pas libres de décider de quoi que ce soit et doivent remonter chaque problème à leurs supérieurs pour qu'ils prennent toutes les décisions.

Alain : Ceci est préoccupant. Nous devons être plus flexibles et fonctionner différemment si nous voulons être plus performants. Nous devons remettre ce projet sur les rails dès que possible. Je crois en votre capacité à surmonter ces défis en équipe. J'attends de chacun de vous qu'il accélère l'achèvement de ses tâches, fasse preuve de leadership dans les tâches partagées et travaille ensemble pour assurer le succès du projet. Au besoin, je suis disponible si vous avez besoin de mon aide.

Jonathan : C'est compris. Nous ferons de notre mieux.

Ce soir-là, Alain appela son père et réalisa immédiatement que quelque chose n'allait pas. Son père avait l'air faible et épuisé et toussait à plusieurs reprises.

- Papa, ça va ? Tu n'as pas l'air en forme.

- Certains jours sont meilleurs que d'autres, je dois l'admettre.

- Nous viendrons vous rendre visite ce week-end. Dis-moi si tu as besoin de quelque chose.

- C'est une excellente nouvelle ! Ta mère sera heureuse de l'apprendre. Mais ne t'inquiète pas pour moi. Dis-moi, comment se passe la transformation de ton entreprise ?

- Je veux changer la culture pour que tout le monde se sente responsable des résultats, soit pleinement engagé dans l'exécution du travail, et vise l'excellence. Actuellement, mon équipe dirigeante est dans une sorte de tour d'ivoire, pensant que leur travail consiste simplement à donner des ordres et à déléguer. Ils ne prennent pas l'initiative de travailler ensemble.

- Qu'as-tu fait à ce sujet ?

- Je leur ai demandé de mieux collaborer et d'améliorer les compétences d'exécution de leur équipe.

- Eh bien, si tu veux qu'ils changent, tu dois donner l'exemple et montrer les comportements que tu souhaites voir. Changer la culture d'une organisation est une tâche difficile. Les gens résistent naturellement au changement et s'accrochent aux normes établies. Pour améliorer l'excellence d'exécution de ton organisation, tu dois retrousser tes manches et montrer ce que tu attends d'eux : clarifier les rôles et responsabilités, être précis sur les livrables de chaque membre de l'équipe, et revoir régulièrement leurs progrès. Tu es un leader-serviteur né, alors montre ton appréciation pour les progrès réalisés, élimine les obstacles et enseigne si nécessaire. Sois le sponsor, le coach et le premier supporter de ton équipe, tout à la fois.

- Attends un peu ! Nous venons de lancer un projet crucial qui nécessite une collaboration entre tous les départements, et j'envisageais de confier au directeur commercial la supervision de ce projet, car je suis très occupé en cette période. Selon toi, ceci est une mauvaise idée ?

- En fin de compte, la décision te revient. Mais je pense qu'il est important de prendre le temps pour ce projet spécial. Sois présent et profite de cette occasion pour montrer l'exemple et démontrer le type de comportement que tu veux que tout le monde adopte. Les gens vont t'observer. Au fait, je parie qu'ils le font déjà. Ce que tu fais ou ne fais pas deviendra les règles non écrites de ton organisation, et ce que tu tolères ou ne tolères pas deviendra les normes attendues. Comment veux-tu que ton équipe dirigeante cesse de déléguer aveuglément si tu fais la même chose avec ce projet critique ?

- Tu as raison ! Je rédigerai également une charte des comportements souhaités et les ferai afficher dans tous les sites, pour que tous les employés puissent les voir.

- Ce serait formidable ; toutefois, les actions et les déclarations doivent se soutenir mutuellement. D'après ton expérience, combien d'organisations vivent vraiment selon les valeurs et les principes qu'elles affichent fièrement sur leurs murs ? Il n'y a pas de substitut à la cohérence entre les paroles et les actes. Comme je disais, ton comportement établira les normes attendues.

- Je comprends : faire ce que l'on dit et dire ce que l'on fait ! À part cela, comment puis-je faire respecter ces comportements dans l'organisation ?

- En tant que principe directeur, sois attentionné et équitable. Si tu surprends quelqu'un à agir selon l'ancienne culture, profite de cette occasion pour l'éduquer et lui rappeler tes attentes, et donne-lui une seconde chance d'intérioriser ton enseignement et d'ajuster ses comportements. Sois précis et, si nécessaire, consigne ces attentes dans une sorte de contrat avec tes collaborateurs. Tu pourras évaluer comment les personnes occupant les postes clés s'adaptent et ainsi distinguer ceux qui sont prêts à adopter le nouvel état d'esprit de ceux qui refusent de changer et doivent être remplacés.

- Je peux te poser une question ? Comment as-tu géré la première année lorsque tu as repris l'entreprise agricole ? Je me souviens qu'elle était en mauvais état à l'époque. Comment as-tu pu maintenir ton optimisme quant au futur ? As-tu douté de ta capacité à assainir les opérations ?

- Tu me rappelles de vieux souvenirs ! Ce n'était pas rose tous les jours, mais j'en ai appris quelques leçons. Bien que tout commence par une grande vision, la stratégie doit être exécutée par phases. Il faut arriver à ramper avant de pouvoir marcher puis courir. Mon plus grand défi à l'époque était de trouver un équilibre entre apporter un sens de la réalité à l'équipe tout en nourrissant leur conviction qu'on finira par gagner. Le bon équilibre apporte l'énergie pour vouloir changer et évite la paralysie induite par la peur.

- Cet équilibre semble complexe mais nécessaire. Que veux-tu dire par 'arriver à ramper' ?

- Les premières victoires sont cruciales. Elles aident à transmettre la conviction de gagner à l'organisation. Les objectifs de la première année doivent être réalisables tout en rompant avec le passé, et le leader doit être vigilant pour assurer leur succès.

- Merci, Papa ! C'est très instructif. Je vais te laisser te reposer maintenant. À samedi.

- Bonne nuit, mon fils.

Chapitre 9 - Deux coups majeurs

Le lancement du nouveau produit devait être la pierre angulaire du renouveau de l'entreprise, indiquant que la SPCI était de retour dans la course et capable de regagner des parts de marché. Les membres de l'équipe chargée de préparer le lancement avaient travaillé sans relâche, et leur excitation était palpable alors qu'ils touchaient au but.

Alain était particulièrement satisfait de la façon dont tous avaient collaboré, travaillant de manière coordonnée sous sa direction directe pour faire du lancement un succès. L'équipe de production avait réalisé un travail exceptionnel en fabriquant la quantité nécessaire du nouveau produit, l'équipe commerciale avait consacré de nombreuses heures de travail pour développer une stratégie efficace de mise sur le marché, et le marketing avait préparé des matériaux publicitaires créatifs et avait sécurisé des créneaux publicitaires.

Cependant, juste au moment où Alain s'apprêtait à annoncer la date de lancement à l'ensemble de l'entreprise, une mauvaise nouvelle tomba. Jonathan reçut un appel de l'un de ses distributeurs qui l'informa que Fantistaca Santé S.A. offrait une remise significative sur leur produit similaire. Le lancement, qui était censé changer la donne, n'était donc plus aussi attrayant pour les clients. Bien que la concurrence ait pu entendre parler du lancement du SPCI, la coïncidence de la date était trop importante pour être ignorée. La date de lancement était censée être confidentielle, connue uniquement des membres du comité exécutif.

La nouvelle fut un choc pour Alain ! Comment cela avait pu arriver ? Y avait-il une taupe dans l'équipe ? Un dirigeant avait-il partagé l'information avec son équipe dont un membre avait ensuite divulgué l'information à la concurrence ?

Alain hésita longtemps à lancer une enquête interne, à examiner les courriels, les relevés téléphoniques et toutes les communications sortantes pour découvrir des preuves de malveillance.

Finalement, il décida de se concentrer sur le futur et de maintenir la culture de confiance et de transparence qui commençait à peine à s'établir dans l'entreprise. C'était une décision difficile, mais il ne voulait pas commencer à se méfier de tout le monde, alors qu'une seule personne était peut-être fautive.

Il convoqua le comité exécutif pour une réunion d'urgence et demanda à Jonathan de partager la nouvelle. Ensuite, il leur rappela leur engagement envers l'entreprise et ses clients et souligna clairement que quiconque était responsable de la fuite serait soumis à des mesures disciplinaires adéquates. Tout d'abord, cette annonce laissa les directeurs sans voix, mais une fois le choc passé, ils proposèrent tous des idées pour minimiser l'impact du lancement raté sur l'entreprise et en tirer quelque chose de positif. L'excès de production pourrait toujours être écoulé auprès des distributeurs établis en concédant une petite réduction, et les matériaux publicitaires créés pour l'occasion, ainsi que les plans de mise sur le marché pourraient toujours servir lors d'un futur lancement de produit. On était loin du succès escompté, mais au moins la SPCI se sortirait de cette situation sans y laisser de plumes.

Après la réunion, Sofia prit Alain à part :

- Alain, j'ai des informations qui pourraient vous intéresser.

- Dîtes-moi ; de quoi s'agit-il ?

- Il y a deux ans, Vijay, un de nos jeunes chimistes, a inventé un produit qui pourrait changer la donne dans l'industrie. Nous avions effectué les dernières phases de test et cette innovation semblait très prometteuse.

- C'est une excellente nouvelle, Sofia ! De quoi s'agit-il ?

- Ce produit est un nouveau type de polymère de fibre synthétique, à la fois léger et durable, avec de nombreuses applications potentielles. La plupart des clients dans le secteur de la santé seraient prêts à changer du jour au lendemain pour un produit aussi révolutionnaire.

- Et quel est l'état d'avancement du projet ?

- Nous avions mis en place une petite ligne de production pour fabriquer des testeurs de ce produit, mais les problèmes de rentabilité de l'entreprise nous ont obligés à mettre le projet en attente.

- Je vois. Envoyez-moi les détails du projet, ainsi que les informations sur le budget nécessaire pour le relancer, et j'étudierai la proposition. Pour l'instant, gardez cela entre nous, s'il vous plaît.

Plus tard cette semaine, Alain repensa à la résilience de son équipe de direction et se sentit fier de la rapidité avec laquelle ils avaient rebondi, et du fait qu'au lieu de s'accuser mutuellement comme par le passé, ils avaient au contraire construit sur leurs idées respectives pour trouver une sortie à cette crise. La SPCI avait peut-être perdu une bataille, mais elle avait gagné une équipe de direction forte et cohérente. Alain était certain qu'ensemble, ils seraient capables de restaurer l'entreprise dans sa gloire passée. De plus, le nouveau polymère était en effet très prometteur et valait largement l'investissement demandé. Ainsi, Alain donna-t-il le feu vert à Sofia et Vijay pour reprendre son développement et sa production de manière hautement confidentielle.

Par ailleurs, pour anticiper et favoriser la croissance de l'entreprise, Alain décida de nommer un Directeur Général Adjoint, et d'offrir ce poste à Janus, qui avait fait preuve de rigueur opérationnelle et l'avait épaulé avec succès lors d'importantes réunions en externe.

Il rédigea le texte de cette nomination, l'imprima et se dirigea vers le bureau de Janus pour l'informer de cette bonne nouvelle. Quand il entra dans la pièce, il se rendit compte qu'il avait dû manquer Janus de quelques minutes seulement, car son écran d'ordinateur était toujours déverrouillé. À ce moment précis, une notification de courriel apparut à l'écran, et bien qu'Alain ne voulût pas être indiscret, il ne put s'empêcher de lire l'adresse de l'expéditeur : "jones.c.2@Fantistaca-Sante.com". Quoi ? Comment ? Alain s'approcha, cliqua sur la notification avant qu'elle ne disparaisse, et fut choqué en lisant le courriel complet :

De : jones.c.2@Fantistaca-Sante.com

À : SPCItaupe@gmail.com

Objet : Re : Re : Informations critiques sur la SPCI

Bonjour Madame ou Monsieur,

Nous ne pourrons pas vous remercier assez pour les informations que vous avez partagées avec nous. Elles se sont avérées être authentiques et extrêmement précieuses. Bien que vous n'ayez pas demandé de compensation cette fois-ci, nous saurons être généreux si vous nous fournissez des informations tout aussi précieuses à l'avenir.

Cordialement.

Alain, toujours sous le choc, prit une photo du courriel depuis son téléphone, ferma le courriel et quitta le bureau de Janus.

Il retourna dans son propre bureau pour réfléchir à la situation en cours et demanda à ne pas être dérangé.

Malgré ses efforts, il ne réussit pas à penser clairement. La traitrise de son collaborateur le plus proche lui était pénible et insupportable. Pourquoi Janus avait-il fait cela ? Et comment devait-il réagir ?

Alors qu'Alain était plongé dans ses pensées, son téléphone sonna, le sortir ainsi de sa réflexion. Il y jeta un coup d'œil, et son cœur se serra en voyant que c'était sa mère qui appelait. Il décrocha. La voix de sa mère à l'autre bout de la ligne tremblait.

- Mon fils, dit-elle, sa voix à peine audible, j'ai une terrible nouvelle. Ton père nous a quitté ce matin.

Alain eut l'impression d'avoir être frappé par la foudre. Il fut momentanément étourdi, incapable de parler. Son père avait été en mauvaise santé pendant longtemps, mais il avait toujours été un homme résilient. Alain ne pensait pas qu'il décéderait si tôt.

- Mon Dieu ! Je suis tellement désolé maman, dit-il, luttant pour garder sa voix stable. Qu'est-ce qui s'est passé ?

Sa mère répondit que son père s'était éteint paisiblement dans son sommeil. Le cœur d'Alain se tordait de chagrin et il sentait les larmes lui piquer les yeux. Il avait perdu un père, un mentor et un ami tout à la fois.

- Je serai là dès que possible, déclara Alain en essayant de garder son calme, le temps de prendre quelques dispositions.

Il raccrocha le téléphone et pendant un moment, il resta là, figé, son esprit dans un chaos total. Il avait l'impression que rien n'était réel, comme s'il s'observait de l'extérieur.

Il décida de prendre quelques jours de congé pour être avec sa mère et ses frères et sœurs et pour organiser les funérailles de son père. Il réunit son équipe de direction et leur expliqua la situation. Il était reconnaissant de leur compréhension et de leur soutien. Alain était également soulagé que Janus n'ait pas pu se joindre à eux, car il ne savait pas encore comment il devait se comporter avec lui.

Les jours d'après furent flous pour Alain. Il se sentait complètement impuissant, car le chagrin et la douleur pour la perte de son père combinés à la trahison de son directeur financier étaient trop lourds à supporter.

3ème point de contrôle – Enseignements clés :

"Exemplifiez le changement culturel souhaité"

-------------""""--

- Changer la culture d'une organisation est une tâche ardue. Les gens résistent naturellement au changement et s'accrochent aux précédentes normes. Pour améliorer la qualité de l'exécution de l'organisation, clarifiez les rôles et responsabilités, ainsi que les livrables de chacun et vérifiez régulièrement leurs progrès.

- Montrez l'exemple en incarnant les comportements que vous souhaitez voir adoptés. Les employés vous observeront et imiteront ce que vous faites ou pas. Ce que vous tolérez ou pas déterminera les règles non écrites de votre organisation.

- Soyez bienveillant et juste. Si quelqu'un se comporte selon l'ancienne culture, profitez de cette occasion pour les éduquer et leur rappeler vos attentes, et donnez-leur une deuxième chance d'intérioriser cet enseignement et d'ajuster leur comportement. Si nécessaire, partagez vos attentes par écrit. Évaluez comment les acteurs clés de l'entreprise s'adaptent et distinguez ceux qui sont prêts à adopter la nouvelle culture de ceux qui refusent de changer et doivent être remplacés.

- Trouvez le bon équilibre entre montrer l'étendue des changements nécessaires à l'organisation et cultiver sa conviction de pouvoir y arriver, pour infuser l'énergie nécessaire au changement tout en évitant la paralysie induite par l'énormité de la tâche.

- Fixez des objectifs pour la première année qui soient atteignables tout en étant en rupture avec le passé, et soyez vigilant pour en assurer le succès.

- Cultivez une culture de confiance et de transparence même en cas de éventuels revers initiaux.

---""""-----------

Chapitre 10 – Enfin profitable

Alain se tourna vers sa femme et soupira :

- Ces coups sont trop difficiles à supporter. Je vais peut-être devoir prendre une pause de l'entreprise pendant un certain temps.

- Je comprends, mon cher. Ton père était une personne formidable, et vous étiez très proches l'un de l'autre, répondit sa femme.

- Il m'a tellement aidé cette année. Je n'aurais pas pu traverser ces moments difficiles sans ses précieux conseils.

- La dernière fois que nous nous sommes rencontrés, il m'a confié qu'il était très fier de toi et de la façon dont tu as réussi à rester fidèle à tes valeurs. Quand je lui ai dit à quel point tu appréciais son aide, il a répondu que tu n'en avais plus vraiment besoin et que tu étais l'un des meilleurs hommes d'affaires qu'il avait rencontrés dans sa vie.

- Cher papa ! Je ferai de mon mieux pour ne pas le décevoir. J'aurais aimé lui parler de l'innovation révolutionnaire sur laquelle nous travaillons.

- Je suppose que tu licencieras ton directeur financier avant qu'il ne donne également cette information à la concurrence.

- J'avais initialement pensé à partager la preuve de sa traîtrise avec notre service juridique et à le licencier, mais j'ai pensé à un meilleur plan.

- Quel plan ? Ce qu'il a fait ne peut pas être pardonné.

- Bien sûr que non. Je vais simplement temporiser. J'ai pensé à un moyen d'utiliser la situation à notre avantage.

71

- Intéressant. Comment ferais-tu ?

- Comme la concurrence lui fait maintenant confiance, je pourrais l'utiliser pendant un certain temps pour leur passer de fausses informations, pour les occuper pendant que nous lançons notre produit phare.

- Pas mal du tout. Mais pourras-tu le rencontrer tous les jours sans montrer que tu es au courant de ce qu'il a fait et ce que tu penses de lui ?

Alain travailla d'arrache-pied pour analyser les positions stratégiques de la SPCI et des sociétés concurrentes pour mettre en place son plan d'action. Il y avait trois segments de produits importants dans leur secteur d'activité : Les polymères de fibres synthétiques, les dispositifs médicaux et les produits de soins personnels. Pour Fantistaca Santé S.A., les polymères de fibres étaient extrêmement rentables grâce à leur position de leader sur le marché, les dispositifs médicaux avaient des marges plus faibles mais couvraient une grande partie de leurs coûts fixes, tandis que les produits de soins personnels étaient raisonnablement rentables, mais n'étaient pas stratégiquement critiques.

Alors, dès que Sofia eut confirmé qu'ils avaient produit suffisamment du nouveau polymère pour fournir tous les clients à l'échelle nationale, Alain informa Janus qu'il allait offrir une remise de 50% sur tous les dispositifs médicaux de la SPCI au cours des trois prochains mois pour gagner des parts de marché significatives. Il ajouta ensuite évasivement qu'il avait planifié cela avec quelques membres de l'équipe de direction et qu'il enverrait personnellement un courriel aux PDG de tous les clients dans trois jours pour annoncer cette promotion massive afin d'en maximiser l'impact.

Les deux jours suivants furent extrêmement tendus pour Alain, mais à sa grande satisfaction, Fantistaca Santé S.A. devança son faux plan en lançant une remise de 50% sur toute leur gamme de dispositifs médicaux pendant trois mois. C'était un investissement important de leur part, mais ils ne pouvaient pas se permettre de perdre leurs parts de marché durement acquises face à la SPCI. Alain attendit que cette remise fût officiellement annoncée à tous les acteurs du marché, et qu'il ne fut plus possible à Fantistaca Santé S.A. de faire marche arrière sans faire face à une énorme réaction de leurs clients. Alors, il donna le feu vert pour le lancement du nouveau polymère synthétique de fibres. La concurrence fut prise au dépourvu et n'avait plus les moyens financiers de réagir ; ils ne pouvaient donc que regarder avec consternation les clients réagir positivement à l'innovation de la SPCI.

Le nouveau polymère synthétique de fibres fut un énorme succès et permit à la SPCI de devenir le leader incontesté du marché dans ce segment, et enfin de renouer avec la rentabilité.

C'était une excellente nouvelle qui fut annoncée et célébrée comme il se devait dans toute l'entreprise. Tous les employés ressentirent une grande fierté de voir enfin leur société gagner à nouveau sur le marché et y virent un lien direct avec l'arrivée du nouveau PDG.

Avant la réunion annuelle de l'entreprise, Alain convoqua Janus dans son bureau et lui posa une question simple :

- Pourquoi nous as-tu trahis, Janus ?

- Que veux-tu dire ?

- Ne tournons pas autour du pot. Voici une capture d'écran de tes échanges de courriels avec nos concurrents.

- Ce n'est pas à moi.

- Si, c'est bien toi. Une vérification interne des sites web visités à partir de ton ordinateur de travail prouve sans aucune équivoque que tu es derrière l'adresse SPCItaupe@gmail.com.

- D'accord, les masques tombent alors ! Tu as usurpé le poste pour lequel j'ai travaillé dur. J'ai donné tant d'années loyales à la SPCI, et comment suis-je récompensé ? En étant écarté au profit d'un inconnu venu de l'extérieur. J'ai secrètement souhaité et travaillé pour ton échec, afin que le conseil d'administration reconnaisse qu'il avait besoin d'un PDG de l'intérieur de l'entreprise.

- C'était donc toi le fameux candidat interne sponsorisé par l'ancien PDG, n'est-ce pas ?

- En effet, et tu as volé mon poste.

- Soyons bref. Tes actions sont passibles de peines civiles et pénales. Nous pourrions te poursuivre en justice et réclamer des dommages et intérêts, et tu pourrais aller en prison pour fraude. Je ne veux rien de tout cela. Je te demande ta démission avec effet immédiat et ton engagement à ne plus nuire aux affaires de la SPCI, notamment en ne cherchant pas de poste chez un concurrent pendant les cinq prochaines années. En échange, nous ne porterons pas plainte contre toi et j'annoncerai ton départ lors de la réunion de fin d'année pour raisons de santé, en gardant la vraie raison confidentielle. L'accord est prêt. Le voici. Signe ici.

Janus ne vit pas d'autre alternative. Il signa le document et quitta le bureau d'Alain sans dire un mot.

Chapitre 11 – Une transformation culturelle inspirée de la "Théorie Y"

Maintenant que les résultats de l'entreprise étaient sur la bonne voie, Alain sut que c'était le moment d'initier la transformation de la culture de l'entreprise, et partagea avec Barry sa vision pour la création d'un environnement de travail positif qui ferait de la SPCI une société où tous apprécient de travailler.

- Barry, j'ai réfléchi à la culture de notre entreprise, et il est temps que nous apportions des changements qui reflètent notre appréciation pour nos employés. Nous devons investir dans leur bien-être, leur bonheur et leur développement.
- C'est une intention louable, Alain. Mais permettez-moi de dire que c'est une perte de temps et de ressources. Nous avons réussi jusqu'à présent avec notre approche actuelle, alors pourquoi la changer ?
- Parce que je crois que nous pouvons faire beaucoup mieux, en créant une culture qui attire et fidélise les meilleurs talents, qui valorise tous nos employés et reconnaît leurs contributions.
- Je n'en vois pas la nécessité. Il n'y a pas de pénurie de candidats sur le marché, et il n'est pas nécessaire de dorloter les employés. Ils devraient plutôt être reconnaissants d'avoir un travail et travailler dur pour le garder. J'ai pu voir maintes fois que les employés sont par nature paresseux et doivent être étroitement contrôlés.

- En réalité, je crois que c'est le contraire. Lorsque la direction se méfie des employés, ils agissent en conséquence. Si nous créons un environnement de travail positif, nos employés seront plus engagés et plus productifs.

- Auriez-vous des exemples de changements à implémenter ? J'ai l'impression que vous avez déjà envisagé des propositions spécifiques.

- Je réfléchis à cela depuis l'année dernière, et j'ai plusieurs idées en effet. J'envisage d'offrir aux employés plus de flexibilité pour gérer leur temps, via des horaires de travail flexibles et du télétravail partiel, pour qu'ils améliorent l'équilibre entre leurs vies professionnelle et personnelle, avec des considérations particulières pour les employés dans des situations particulières, comme les futures mamans et les parents d'enfants en bas âge. Je voudrais également favoriser un environnement accueillant et inclusif, où tous les employés se sentent valorisés et encouragés à être eux-mêmes au travail. Nous pourrions aussi fournir le support nécessaire pour les aider à gérer le stress lié au travail et dans un sens plus large leur santé mentale. Enfin, nous pourrions revoir nos avantages sociaux pour améliorer leur retraite et leur couverture maladie, afin qu'ils puissent avoir l'esprit tranquille quant à leur avenir.

- Mais cela coûtera une fortune ! Nous sommes une entreprise, pas une œuvre de charité.

- Barry, investir dans nos employés est un investissement dans l'avenir de notre entreprise. Oui, cela coûtera de l'argent, mais nous en rapportera beaucoup plus. Nous aurons des employés épanouis, productifs, et fidèles à l'entreprise.

- Alain, je n'arrive pas à te suivre. L'année dernière, tu nous as demandé de réduire les coûts, et maintenant que l'entreprise est rentable, tu veux commencer à gaspiller l'argent !

- Barry, je suis déçu que tu ne partages pas ma vision. Prends le temps de réfléchir, et nous reprendrons la discussion la semaine prochaine.

Le désaccord entre Alain et Barry persista pendant un mois, sans progrès notoire. Finalement, Alain décida de remplacer Barry à la tête des ressources humaines en raison de leurs divergences de vue et de lui affecter des projets spéciaux de ce même département.

Pour trouver un remplaçant, Alain interviewa les responsables des ressources humaines des plus grands sites de la SPCI et fut particulièrement impressionné par Marc, qui dirigeait les RH dans une grande usine où les scores de satisfaction des employés étaient constamment supérieurs à la moyenne de l'entreprise.

- Alors, dis-moi, Marc. Quel est le secret derrière ces niveaux élevés d'engagement des employés ?

- Le directeur d'usine et moi partageons la conviction que nos résultats commerciaux sont meilleurs lorsque la structure organisationnelle est relativement plate avec un nombre limité de niveaux hiérarchiques, et lorsque l'environnement de travail est égalitaire et témoigne de notre respect pour tous les employés.

- C'est intéressant, mais quelque peu ambigu. Comment faites-vous preuve de respect dans la pratique ?

- Eh bien, nous avons éliminé la plupart des avantages et des symboles de statut pour nos cadres. Dans notre usine, tout le monde mange à la même cantine, nous avons remplacé les bureaux fermés par un espace ouvert pour tous, y compris le directeur d'usine, et tout le monde peut utiliser les places de parking de l'usine, sur la base du premier arrivé, premier servi.

- C'est très différent des pratiques que j'ai vues ailleurs. Et même ici, au siège social, nous avons un ascenseur dédié aux directeurs. Y a-t-il autre chose ?

- Pour cultiver une culture d'innovation et d'inclusion, nous encourageons la communication et la collaboration, pour créer un environnement de travail où les employés se sentent à l'aise de travailler ensemble et de partager des idées. Nous confortons cela grâce à des événements réguliers dans l'usine où nous partageons les résultats commerciaux, organisons des activités de renforcement de l'esprit d'équipe et reconnaissons les contributions distinctives des employés.

- C'est impressionnant, et très en ligne avec la culture que je veux pour notre entreprise. En parlant de cela, quelle approche adopterais-tu si tu étais choisi pour ce poste de responsable des ressources humaines ?

- Je pense que nous devrions commencer par revoir notre processus de recrutement pour attirer des talents plus forts et plus diversifiés. Nos procédures de sélection doivent être plus efficaces pour éviter de perdre les meilleurs candidats qui ont généralement des offres venant de plusieurs entreprises. Ensuite, nous devrions donner les moyens de réussir aux employés de tous les niveaux, en renforçant notre programme de formation, en offrant des opportunités de croissance professionnelle et de développement du leadership, et en planifiant intentionnellement leurs affectations futures. De plus, nous devrions doter nos managers de compétences de coaching et de feedback constructif pour aider les employés à se développer et à s'améliorer. Les managers doivent également apprendre à reconnaître le travail bien fait, que ce soit en public ou en privé, pour encourager les employés à rechercher l'excellence et à relever de nouveaux défis.

Après avoir interviewé les autres candidats, Alain décida de promouvoir Marc au poste de directeur des ressources humaines et Maria, une jeune et prometteuse responsable des ressources humaines, pour le remplacer à son usine en tant que responsable des ressources humaines.

La collaboration avec Marc s'avéra fructueuse car il apporta immédiatement sa touche bienveillante à tous les programmes des ressources humaines.

Lors de la réunion de fin d'année de l'entreprise, Alain s'adressa aux employés :

- Chers collègues, lorsque j'ai visité les sites de l'entreprise l'année dernière, j'ai été honoré de recevoir vos commentaires sur ce que nous devrions faire pour améliorer l'atmosphère de travail. J'ai pris ces commentaires très au sérieux et vous avez peut-être remarqué que certains des changements que vous avez demandés ont déjà été mis en œuvre. Tout le comité exécutif s'engage à aller plus loin. Je vais donc passer la parole à Marc pour vous parler de deux initiatives spécifiques que nous lancerons à partir de la semaine prochaine.

- Merci Alain. Notre premier engagement est de favoriser votre apprentissage et votre développement continus. En plus de renforcer notre programme de formation, nous allons libérer une journée par an au cours des deux prochaines années pour que vous puissiez investir dans votre croissance professionnelle.

Vous pouvez l'utiliser de trois manières : suivre des cours en ligne aux frais de l'entreprise dans la limite d'un budget convenu, rencontrer des clients, des consommateurs et des fournisseurs pour augmenter votre maîtrise de nos affaires et rester en contact avec le marché, ou encore proposer toute autre activité d'apprentissage qui vous convient.

Pour être sûr que vous bénéficierez au maximum de cette journée d'apprentissage spécial, nous fixerons la même date pour l'ensemble de l'entreprise et nous arrêterons la production ce jour-là. Toutes les salles de réunion seront équipées de tablettes et de casques pour que vous puissiez suivre les cours en ligne, et nous nous occuperons de la logistique pour ceux qui souhaitent effectuer les visites sur le terrain.

Pour ce qui est de notre deuxième engagement, nous voulons apporter des changements continus à votre expérience de travail quotidienne et nous engageons à implémenter des améliorations significatives chaque mois, pendant les deux prochaines années.

Pour maximiser l'impact de cette intervention, nous voulons que les idées viennent de vous : quels éléments souhaiteriez-vous voir disponibles au travail, quels avantages aimeriez-vous ajouter à notre offre, ou quels processus aimeriez-vous voir simplifiés ou exécutés différemment ? Nous passerons en revue la liste de vos souhaits et nous réaliserons certains d'entre eux chaque mois.

Il y eut un grand silence dans la salle, tandis que les employés prenaient la pleine mesure de l'annonce. La direction venait-elle de dire qu'elle se souciait de la qualité de leur temps de travail ? Qu'elle écouterait les employés ? Qu'elle élaborerait un plan d'action interne en fonction de leurs besoins réels ? C'était tellement différent de la culture d'entreprise prédominante jusqu'à présent.

Un applaudissement isolé se fit entendre à l'arrière de la salle, suivi par un autre, puis un autre, jusqu'à ce que tout le monde applaudisse frénétiquement.

Marc et Alain se firent un signe de tête et sourirent. Avant la réunion, ils ne savaient pas si les employés répondraient avec apathie, incrédulité et cynisme, ou avec intérêt et appréciation. La réaction dépassait clairement leurs attentes et les emplit de joie et d'un sens accru de responsabilité.

Il fallut quelques minutes pour que la salle se calme et que les applaudissements et les discussions s'arrêtent.

Marc poursuivit :

- Je vous remercie pour votre enthousiasme. Vous recevrez tous un courriel aujourd'hui expliquant comment soumettre vos idées et comment voter pour les propositions de vos collègues. Par la suite, vous trouverez un article dans la lettre d'information mensuelle d'Alain sur les améliorations mises en œuvre lors du mois précédent.

Trois mois plus tard, Alain reçut une demande de rendez-vous de la part de Barry, l'ancien responsable des ressources humaines, et ils se mirent d'accord pour déjeuner le lundi suivant.

Le jour venu, ils s'assirent pour déjeuner et Barry commença :

- Le projet spécial sur lequel je travaille avance bien, mais ce n'est pas la raison pour laquelle je voulais vous rencontrer.

- D'accord, en quoi puis-je vous vous aider alors ?

- Je voulais vous présenter ma démission et j'ai estimé qu'il était plus approprié de le faire en personne.

- Pourquoi donc ? Y a-t-il un problème ?

- Pas vraiment. C'est juste que la quantité de changement est vertigineuse. Vous savez que je n'étais pas d'accord avec la première série de modifications des pratiques RH que vous aviez proposées, mais maintenant, je ne supporte tout simplement pas les dernières annonces. Demander aux employés de faire des vœux et leur offrir un jour de congé supplémentaire alors que nous avons besoin de plus de productivité dépasse tout simplement mon entendement.

- Vous savez Barry, j'avoue avoir eu moi-même des doutes au départ sur ces interventions : n'allions-nous pas trop loin ? Et si nous recevions des souhaits déraisonnables de la part des employés ? Comment pourrions-nous mesurer le retour sur investissement de ces journées de croissance professionnelle ?

- Exactement ! Ce sont là des préoccupations majeures et justifiées.

- Comme il n'était pas possible d'avoir les réponses a priori, nous avons décidé de nous lancer quand même et de limiter ces interventions aux deux prochaines années, puis de réévaluer la situation. Si les résultats sont mauvais, nous y mettrons fin sans que cela ne nous ait coûté énormément.

- C'est logique. Et avez-vous des premiers résultats ?

- La journée de croissance professionnelle n'aura lieu qu'à l'automne, nous n'avons donc pas encore de résultats concrets. Nous comptons sur notre programme renforcé de formation et de mentorat pour accroître les compétences, la motivation et la satisfaction des employés, et pour obtenir de meilleures performances, une production de meilleure qualité et une rétention accrue des employés. En revanche, pour l'initiative des vœux des employés, nous avons été heureux de constater que la plupart des demandes reçues étaient très raisonnables.

- Quels étaient alors les souhaits typiques ?

- Lors de ce premier tour, la plupart des souhaits des employés étaient des demandes pour résoudre des problèmes existants, donc des demandes globalement très raisonnables. Par exemple, les employés nous ont demandé de prolonger les horaires d'ouverture de la cantine pour couvrir tous les quarts de travail, de mettre à disposition divers distributeurs automatiques, de construire de petites installations sportives sur site, de mettre à jour les itinéraires des bus de transport des employés qui datent d'il y a dix ans, de proposer des prêts d'entreprise, d'étendre la couverture de l'assurance maladie, de simplifier et de digitaliser les principaux processus internes, etc. Certains souhaits portaient sur de meilleurs outils technologiques pour permettre aux employés d'être mobiles et de travailler de n'importe où. Ce faisant, certains employés ont partagé les difficultés qu'ils rencontrent aujourd'hui pour effectuer leur travail compte tenu de la bureaucratie existante et de notre infrastructure de seconde classe. Cela m'a fait de la peine de lire ces témoignages et de constater à quel point certains des souhaits étaient basiques.

- Combien d'employés ont contribué avec des idées ?

- Le taux de réponse était très élevé et nous a permis d'identifier les souhaits à satisfaire au niveau de toute l'entreprise ou uniquement au niveau du site, le cas échéant.

- Voulez-vous dire qu'il n'y avait aucune demande déraisonnable que vous ne pourrez jamais satisfaire ?

- Oh, il y a eu quelques demandes exagérées, mais elles étaient assez rares. Notre engagement étant de satisfaire certains souhaits, mais pas tous, ces demandes-là ne seront pas retenues. Par exemple, certaines demandes consistaient à accorder des augmentations de salaire massives à tous, à adopter la semaine de travail de quatre jours ou à remplacer les ordinateurs portables et les smartphones de tous les employés chaque année.

- Je m'attendais à ce que ce genre de requête constitue la majorité des demandes.

- Mon défunt père me disait que les gens cherchent naturellement à résoudre les problèmes du quotidien avant de pouvoir apprécier des améliorations facultatives. Ce premier tour nous a permis d'identifier tous les petits points de friction dont les employés souffraient mais n'avaient aucun moyen d'exprimer. Dans chaque site, nous avons constitué une petite équipe véritablement passionnée par l'amélioration de la vie de ses collègues, chargée de hiérarchiser et de planifier les vœux à réaliser. Nous avons également mis en place une équipe similaire au niveau du siège social de l'entreprise pour répondre aux vœux concernant l'ensemble des employés.

- J'apprécie vos bonnes intentions, mais cela me semble être une énorme distraction pour vous, pour les responsables de site et pour les équipes RH, au détriment de projets d'affaires plus sérieux.

- Eh bien, les premiers vœux réalisés jusqu'à présent ont déjà eu un impact impressionnant : les employés en parlent sur les réseaux sociaux et le nombre de candidatures à nos offres d'emploi a doublé, avec la plupart des candidats mentionnant des recommandations de la part de nos employés. Nous recevons également de nombreux témoignages spontanés d'employés nous remerciant de prendre soin d'eux et d'être à l'écoute de leurs besoins.

- Vous gâtez les employés et vous augmentez le niveau de leurs attentes. Ils risquent d'être grandement déçus dans le futur, à moins que vous ne continuiez à relever la barre.

- Je vois que vous continuez de voir le verre à moitié vide.

- Je ne reconnais plus l'entreprise dans laquelle j'ai travaillé pendant tant d'années !

- Sans vouloir vous offenser, je prends cela plutôt comme un compliment, étant donné à quel point la situation était mauvaise lorsque j'ai rejoint l'entreprise.

- Alain, vous comprendrez maintenant pourquoi je dois partir. Je ne m'identifie plus à l'esprit de cette entreprise.

- Je vois. Si vous êtes d'accord, j'aimerais organiser une fête de départ décente pour toi en signe d'appréciation pour toutes ces années de service.

- Bien sûr ! C'est très gentil de votre part Alain.

Au cours de l'année suivante, Alain profita de chaque occasion pour communiquer avec les employés et les cadres supérieurs sur la nécessité de changer, mettre en évidence les premiers résultats positifs obtenus et récompenser ceux qui adoptaient la nouvelle culture et la renforçaient au sein de leur équipe.

Petit à petit, il se vit à travers toute l'entreprise une réduction de l'absentéisme, une rétention accrue des employés et même une meilleure qualité de service client.

Se sentant écoutés et valorisés, les employés travaillèrent ensemble pour trouver des solutions aux problèmes du quotidien, ce qui permit d'accélérer l'innovation au sein de l'entreprise et de prendre des décisions plus rapides et plus efficaces.

Ensemble, ces éléments culturels créèrent un cercle vertueux et renforcèrent la percée commerciale de la SPCI, qui continua à prospérer et devint la deuxième plus grande entreprise de son secteur.

Lors de la réunion de direction qui eut lieu après le premier anniversaire de cette intervention organisationnelle, Alain prit la parole :

- Bien que nous ayons encore du travail devant nous, nous avons parcouru un long chemin dans notre transformation. Je tiens à remercier chacun d'entre vous pour votre forte contribution à cela. Maintenant, il y a deux changements significatifs que je voulais introduire depuis un certain temps, et je sens que le moment est venu pour les deux.

- Il est vrai que la SPCI a beaucoup changé ; on dirait presque qu'elle est devenue une entreprise différente. Quels sont ces changements ? demanda Sofia.

- D'une part, nous serions plus forts et plus résilients si nous réorganisions le portefeuille d'activités de l'entreprise en deux unités commerciales : « Santé » et « Textile ». Cela apporterait une expertise industrielle à tout ce que nous faisons et nous rendrait aussi agiles que nos concurrents spécialisés. De plus, cette structure nous facilitera la tâche pour nous étendre à de nouveaux secteurs, notamment avec la création d'une nouvelle unité commerciale « Agriculture » qui à mon avis a un grand potentiel. Cette réorganisation créera de grandes opportunités de croissance personnelle pour vous et vos équipes.

- C'est un changement important que nous devons planifier et exécuter avec soin. S'il réussit, il pourrait en effet générer une croissance considérable pour la SPCI. Pensez-vous que nous sommes prêts pour cela ? intervint Kamel.

- Dans les grandes lignes, oui. Nous devrons anticiper le changement en créant des équipes multifonctionnelles autour des catégories de produits, en permettant, voire en encourageant les affectations temporaires dans d'autres départements, et en simplifiant les procédures de transfert d'employés entre les différents départements. Cela préparera l'organisation à cette prochaine transformation massive.

- Si nous devons réorganiser l'entreprise en unités commerciales autour des catégories de produits, tous les employés devraient être en contact avec le marché, les produits et les clients. Je pourrais organiser des journées 'portes ouvertes' pour que les employés de bureau et les employés d'usine puissent accompagner nos représentants commerciaux lors de leurs visites chez les clients, pour être mieux connectés avec la réalité et être en mesure de mieux servir leur unité commerciale respective, suggéra Jonathan. Et quel est l'autre changement important que vous vouliez introduire, Alain ?

- Je voudrais intensifier notre contribution sociale et environnementale ; pas seulement en augmentant nos dons monétaires, mais surtout en impliquant tous nos employés dans ces programmes sociaux.

- Dans ce cas, pourquoi ne pas les impliquer dans la sélection ou la conception même de ces programmes, pour maximiser leur adhésion et leur participation volontaire ? demanda Marc.

- Excellente idée ! Qu'est-ce que vous en pensez ? demanda Alain aux autres directeurs.

- Je crois que nous sommes tous d'accord avec les deux propositions. Discutons maintenant de la façon dont nous allons élaborer des plans détaillés pour chacune, répondit Sofia.

Marc se chargea d'informer les employés de la décision de renforcer la contribution sociale et environnementale de la SPCI et lança une plateforme pour collecter leurs propositions des employés quant aux programmes où l'entreprise pourrait s'investir. Marc envoyé un courriel de remerciement personnalisé à tous ceux qui soumirent des idées et demanda à tous les employés de voter sur les propositions collectées. Il présenta ensuite une liste des idées ayant recueilli le plus de votes au comité exécutif pour faire le choix final.

Lors de la réunion de fin d'année de l'entreprise, Alain annonça la liste des propositions sélectionnées :

- Le comité exécutif et moi-même avons été ravis de voir toutes les propositions sur lesquelles vous avez voté pour augmenter notre impact positif sur notre communauté, et nous sommes ravis de partager les idées sélectionnées avec vous :

• Pour les 10 prochaines années, 5% des bénéfices incrémentaux de l'entreprise seront alloués à des ONG actives dans le domaine social, qui seront sélectionnées en fonction du vote des employés.

• Chaque année, cinq employés auront droit à un congé payé de deux mois pour participer aux programmes de ces ONG.

• Les activités de team-building seront remplacées par des événements de service communautaire chaque fois que ce sera possible, car faire le bien ensemble cimente les équipes et a un effet plus durable que de simplement s'amuser ensemble.

• Ces activités sociales seront ouvertes à vos conjoints, enfants et parents pour renforcer l'intégration entre le travail et la vie personnelle.

Tous les employés assistant à la réunion, soit en personne ou à distance, applaudirent ces interventions innovantes avec enthousiasme, fiers de faire partie d'une entreprise aussi formidable qui écoute ses employés et s'engage à avoir un impact positif sur le monde.

4ᵉᵐᵉ point de contrôle – Enseignements clés :

"Révolutionnez la culture, avec l'employé au centre"

--------------``--

- Montrez que vous valorisez les employés en investissant dans leur bien-être, leur bonheur et leur développement.
- Créez une culture qui attire et fidélise les meilleurs talents, les valorise et reconnaît leurs contributions. Adaptez votre processus de recrutement en conséquence.
- Développez un environnement de travail sain et positif ; les employés en seront plus productifs, engagés et dévoués à l'entreprise.
- Offrez la possibilité de télétravail et des horaires flexibles, pour améliorer l'équilibre entre vie professionnelle et vie privée des employés. Soyez particulièrement attentifs aux employés en situation spéciale, tels que parents d'enfants en bas âge, employées attendant un enfant …
- Faîtes en sorte que tous les employés se sentent valorisés et encouragés à apporter leur contribution entière au travail. Mettez à leur disposition des ressources pour les aider à gérer le stress lié au travail.
- Investissez dans les avantages sociaux (pension, couverture santé…) afin que les employés puissent avoir l'esprit tranquille quant à leur avenir.
- Favorisez un environnement égalitaire, en réduisant les niveaux hiérarchiques et en éliminant les avantages exclusifs pour les dirigeants, tels que les espaces de travail dédiés.
- Encouragez la communication ouverte et la collaboration transversale.
- Partagez régulièrement les résultats de l'entreprise avec tous les employés, renforcez la cohésion des équipes et montrez de la reconnaissance pour les contributions distinctives des employés.

- Renforcez le programme de formation, offrez des possibilités de croissance et de développement du leadership, et planifiez avec soin les prochains rôles des employés.
- Équipez les managers des compétences nécessaires pour guider et assister les employés au quotidien et les aider à grandir et à s'améliorer.
- Recueillez les idées d'amélioration des employés et engagez-vous à régulièrement en réaliser certaines.
- Communiquez autour de la nécessité de ces changements et publiez tout résultat positif.
- Formez des équipes multifonctionnelles et encouragez les mouvements de personnel entre départements.
- Mettez en place des programmes permettant aux employés d'être plus connectés avec la réalité des affaires, pour les outiller à mieux servir l'entreprise.
- Intensifiez les contributions sociales et environnementales de l'entreprise. Impliquez les employés dans ces programmes pour qu'ils en tirent plus de fierté.
- Remplacez les activités ludiques de team-building par des événements de service communautaire pour créer des équipes encore plus fortes. Si possible, ouvrez ces événements aux familles des employés.

---,"""-----------

Chapitre 12 – Retour à la fête de départ

- C'était une histoire incroyable, s'extasia Richard en serrant la main de Marc. Je suis heureux d'avoir eu la chance de l'entendre.

- Content qu'elle vous ait plu. Elle est effectivement pleine d'apprentissages pour quiconque souhaite transformer la culture de son organisation, sourit Marc. Et qui sait, peut-être qu'un jour quelqu'un écrira un livre ou réalisera un film dessus. Au fait, as-tu rencontré Maria, notre nouvelle directrice des ressources humaines ? Demanda Marc, en le présentant à une élégante femme qui s'était jointe à eux.

- Salut Richard, est-ce que Marc t'a dit qu'Alain a remporté le titre de PDG de l'année deux fois déjà et que la SPCI a été récompensé plusieurs fois pour être la meilleure entreprise dans notre industrie où il fait le mieux travailler, la meilleure entreprise pour les mères qui travaillent et également la meilleure entreprise pour le développement de ses employés ? Dans l'unité commerciale « Santé » où tu travailles, la SPCI est devenue leader du marché il y a trois ans et détient maintenant deux fois la part de marché de Fantistaca Santé S.A.

- C'est impressionnant ! Il est clair que vous élevez continuellement la barre ! J'ai moi-même postulé à la SPCI sur recommandation d'amis qui y travaillent.

- Je suis heureuse de l'entendre ! C'est ce qui se produit lorsque les employés sont bien traités ; ils font spontanément la promotion de leur entreprise auprès de leur réseau. Au fait, Marc, quels sont tes projets maintenant ?

- Je vais voyager ici et là au début ; ensuite, j'ai des projets pour guider et assister des jeunes à fort potentiel dans leur parcours vers le succès. (1)

- Excellent ! Bonne chance mon ami. Nous ferons de notre mieux pour que la SPCI continue de prospérer et d'être une excellente plateforme d'où changer le monde !

Fin

(1) Retrouvez Marc dans "Je peux changer le monde !", 3ème opus de cette série, du même auteur.

Cher lecteur,

J'espère que vous avez apprécié ce livre !

Vos commentaires et questions sont les bienvenus, n'hésitez pas à me les faire parvenir aux coordonnées ci-dessous.

Par ailleurs, pourriez-vous me laisser votre avis sur https://www.amazon.com/s?k=Soufiane+Erraji, pour aider d'autres lecteurs à découvrir le livre ?

Je vous remercie pour votre temps et vous souhaite beaucoup de réussite dans votre carrière !

Soufiane Erraji

soufiane.erraji.author@gmail.com

Références bibliographiques

Pour creuser les concepts couverts dans ce livre, vous apprécierez surement ces quelques références :

De la performance à l'excellence (Good to great) – Jim Collins

La vérité sur ce qui nous motive (Drive) – Daniel Pink

La force de l'alignement : Comment bâtir une culture d'entreprise remarquable (The culture code) – Daniel Coyle

Les 5 niveaux du leadership (The 5 levels of leadership) – John C. Maxwell

Tout est dans l'exécution (Execution) – L. Bossidy & R. Charan

L'esprit opposable : Comment faire émerger une intelligence collective dans l'entreprise (The opposable mind) – Roger Martin

Du même auteur

La trilogie « Transformation Radicale » - Tome 2

"**Le Manager EPIC™**" vous propose une méthode simple, puissante et efficace pour transformer la relation entre supérieurs et subordonnés.

Les managers y découvriront une approche en 4 étapes pour développer leurs équipes et atteindre leurs objectifs.

Tous les lecteurs y trouveront le moyen de reprendre le contrôle de leur expérience professionnelle.

Managers et subordonnés apprendront à réussir ensemble d'une manière interdépendante.

Disponible en format papier, Kindle et livre audio sur **Amazon**.

Du même auteur

La trilogie « Transformation Radicale » - Tome 3

« **Je Peux Changer le Monde !** » est un livre déjà lu dans 60 pays, qui présente une méthode puissante et pratique, en 3 itérations, pour vous permettre de vous distinguer avec des résultats exceptionnels, d'avoir un impact beaucoup plus grand autour de vous et de laisser votre marque dans tous les domaines dans lesquels vous contribuez.

À découvrir partout dans le monde sur **Amazon**, et au Maroc, sur **Livre-moi.ma**

À propos de l'auteur

Soufiane Erraji est Directeur informatique et Master Coach dans une société Fortune 50, et compte plus de 25 années d'expérience en management, pendant lesquelles il a dirigé des équipes multifonctionnelles avec excellence en Europe, en Asie, et en Afrique.

Il est auteur, conférencier, et mentor auprès de professionnels de plusieurs pays, entreprises et industries.

Ses qualités de manager, coach et formateur lui ont valu des dizaines de distinctions dans les domaines de la formation, du coaching et du développement personnel.

Il est également professeur vacataire auprès de l'Ecole Centrale de Casablanca. Ses livres ont été lus dans 60 pays et ses conférences ont été suivies depuis plus de 30 pays.

soufiane.erraji.author@gmail.com

www.linkedin.com/in/soufiane-erraji-03b4512/

Illustration de la couverture : Mehdi Benamar

www.ingramcontent.com/pod-product-compliance
Lightning Source LLC
Chambersburg PA
CBHW070607220526
45467CB00003B/1337